孙福海 ◎ 执笔

# 铿锵竹韵 抒真情

## 张子健话说张志宽

天津出版传媒集团

天津人民出版社

图书在版编目（CIP）数据

铿锵竹韵抒真情：张子健话说张志宽 / 孙福海执笔
. -- 天津：天津人民出版社，2016.10
ISBN 978-7-201-10836-0

Ⅰ.①铿… Ⅱ.①孙… Ⅲ.①张志宽-生平事迹
Ⅳ.①K825.78

中国版本图书馆 CIP 数据核字(2016)第 230445 号

**铿锵竹韵抒真情 ：张子健话说张志宽**

KENGQIANGZHUYUNSHUZHENQING：

ZHANGZIJIANHUASHUOZHANGZHIKUAN

孙福海 执笔

出　　版　天津人民出版社
出 版 人　黄　沛
地　　址　天津市和平区西康路 35 号康岳大厦
邮政编码　300051
邮购电话　(022)23332469
网　　址　http://www.tjrmcbs.com
电子信箱　tjrmcbs@126.com

责任编辑　张素梅
装帧设计　明轩文化　·王烨
　　　　　TEL:23674746

印　　刷　高教社(天津)印务有限公司
经　　销　新华书店
开　　本　787×1092 毫米　1/16
印　　张　17
插　　页　8
字　　数　150 千字
版次印次　2016 年 10 月第 1 版 2016 年 10 月第 1 次印刷
定　　价　58.00 元

著名快板书表演艺术家张志宽先生

张志宽演出照

1968年，李润杰
为张志宽授课

1978年，张志宽在首次收徒仪式后合影留念。前排左起：
贾德臣、李润杰、高元钧、高凤山、常宝霆，中排左起：张志宽、
王学义、赵振铎、高明远，后排左起：王文长、王文富、马政

— 2 —

1990 年，与关牧村、赵伟洲
在南沙群岛慰问演出

张志宽 20 世纪 90 年代演出照

1985 年，在赴老山前线慰问演出中因劳累过度嗓子哑了，在卫生院打完针后继续演出

1999 年，为少儿曲校快板书培训班授课

张志宽演出照

张志宽之子——著名影视演员张子健

童年时期张子健

张子健20世纪80年代初在旧居

青年时期张子健

张子健剧照

20世纪90年代，
张子健（右）在电视剧
《甘十九妹》拍摄现场

温馨一家人

20世纪70年代初一家
三口在旧居合影

父子同台演出

2009 年张志宽夫妇在敦煌《神探狄仁杰》剧组探班

2010 年张志宽、张子健父子合影

张志宽与夫人曹淑珍女士在敦煌鸣沙山留影

张志宽与夫人曹淑珍女士在香港留影

# 序

姜　昆

　　打开电脑，写张志宽先生的一篇篇稿子浮现在眼前，其实，不用看这些书稿，我已知晓《铿锵竹韵抒真情——张子健话说张志宽》这个书名起得非常贴切，形似且更神似。"铿锵"是他的风格，"竹韵"是他的审美感，更是他带给广大受众的愉悦。

　　因我与志宽先生相识三十多年了，对他表演的快板书《孙悟空三打白骨精》《东方旭打擂》《劫刑车》《武松打虎》《鲁达除霸》……太多太多的段子耳熟能详。他演唱的任何一个段子，既是唱故事，更是唱人物，无论是大段子还是小段儿，听者都会被他用真挚感情的演唱和出色的表演所吸引、所感染，还会与他有着同一样的感情，或喜，或悲，或惊，或恐，或思……毋庸置疑，他演唱时的一字一音、一招一式、一颦一笑，都是与听者在互动，是对听者的引领，使听者自己在不知不觉中与他的脉搏一起跳动，共同完成对一个作品的演绎。

　　1953 年，李润杰先生对数来宝进行全面的改革，吸收了相声、评书、西河大鼓等曲种的众多优长，创造了快板书艺术。这种艺术形式一经诞生，便引起轰动，全国数十个曲艺演出团体和部队文工团派演员到天津学习。而在天津，大街小巷，到处都能听到清脆的竹板声。之后，李润杰先生先后收徒袁武华、叶茂昌、王印权、常祥霖、高明远及志宽等人，倾心授艺。而在众多的弟子中，志宽得天独厚，自1960年至1990年先生仙逝，他守在师父身边整整30年，得其真传，受益颇多。

志宽天资聪慧，悟性高，学习能力也强。最早听他与师父合唱的《立井架》，如不仔细听，很难分辨出是师徒二人演唱，而以为是一人的演唱。由此可证明，初时，他是模仿师父的声音，气口、句头、断句等，都与师父一模一样，如出一辙。须知，继承——更准确地说，对师父艺术的全面继承，他做到了绝佳，而这正是以后他对快板书艺术进行发展的重要基础。他的又一聪明之处是不仅向师父学习，同时向快板艺术的另两位大师即高凤山、王凤山学习。在师父走后，他融李(润杰)派、高(凤山)派、王(凤山)派于一体，所以，他的演唱既有着李派的恢宏、磅礴，又有着高派的高亢、激昂和王派的活泼、俏皮。他从不墨守成规，对艺术的精益求精，使他的表演别有天地、独具一格。

任何一种曲艺形式，欲使其发展，传承至关重要，也是唯一的途径。张志宽、梁厚民、唐文光……等等，这一代演员是承前启后的一代。据不完全统计，目前全国学习快板书表演的青少年和儿童已有近二十万人，不能否认的是志宽的传承是非常成功的。比如,一次曲艺牡丹奖新人奖评奖,我给演唱《东方旭打擂》的张楠打了很高的分数,并请志宽进行点评。志宽只说:"不好点评,因为张楠是我的徒弟。"没错儿,张楠任职于中国北方曲艺学校,是全国唯一的专业快板书教师。而如张楠这样优秀的演员,在志宽的71名弟子中,为数不少。除此,他教授的学生数以千计,学生遍布全国。而且,他毫无门户之见,李、高、王三派的演员,他都给予无私的辅导,精神可嘉,功不可没。

志宽说自己是"为快板书而生,为快板书而死",确实,他曾策划、筹款,举办了五届全国快板书大赛。如今,已年逾古稀的他仍奔波于全国各地,教学、演出,为快板书艺术的发展老骥伏枥,奋力拼搏。

志宽就是一团火,他的话很多很多,而说得最多的就是快板书艺术。此外,他爱好"搬(喝酒,编者注)","搬"后就是一个口无遮拦的人,无论对错,心里怎么想就怎么说,也因此"得罪"了一些人。所幸,待真正了解了他的为人,也就能无私地原谅他了。总之,他是一个对快板书艺术做出了巨大贡献的艺术家。

祝志宽先生艺术青春永驻!

# 序二

孙福海

　　张志宽是世所公认的快板书大师，我与他相识相交五十余年，我以为，他在同时期曲艺演员中独占以下几个第一。

　　他，在同时期曲艺演员中唱红全国为第一。

　　新中国成立后，国家有计划、有规模、有建制地培养曲艺接班人始于 1958 年，而志宽在 1960 年便成为李润杰的入室弟子。他靠自己的聪明和天赋，拜师数月后，即以首唱被今日研究者视为经典的《夜袭金门岛》而拔得天津市青少年文艺基功会演头筹，从此声名大振。在此后数年，他演唱的十余段作品被天津人民广播电台传播到千家万户；1964 年他和其师李润杰共同演唱的对口快板《立井架》通过各种媒介享誉全国，成为同时期青年曲艺演员中第一位唱红全国的"蔓儿"。尤其是他的声音、口风、特色，酷似乃师，人们从唱片或录音中竟然难分师徒，甚至有人说是一人所唱。遥想街头巷尾频响竹板声的当年，有谁不知李润杰？同时又有谁不知李润杰培养出的弟子张志宽呢？

　　他，培养弟子及学生的数量为全国第一。

当年孔夫子有门徒 72 贤人，对传播中华文化居功至伟。而志宽自 1978 年收第一个入室弟子、北京市曲艺团快板书演员王文长至今,已有七十余名弟子入室。

这七十余名遍布全国各专业团体、艺术院校、部队、大学甚至海外(如加拿大籍的大山、美国洛杉矶华人电台的江南)的高徒,在志宽的言传身教下,为传播中华民族的艺术瑰宝之一——快板书,可谓功不可没。除了入室弟子之外,经他辅导、授课的学生数以万计。这在中国曲坛更是一道独一无二的风景。

他,将快板书用长篇形式表现并产生影响为全国第一。

1983 年,志宽与作家宋勇、高玉琮、李治邦、张庆长合作,推出了长篇快板书《武林志》。该节目在天津广播电台连续播讲近两个月,每天一段,段段精彩。故事有连贯性,结尾有扣子;既能长篇播讲,又能独立成段。其影响之大、效果之好,至今无人能出其右。其中《东方旭打擂》作为独立作品曾参加全国会演并荣获奖项。

他们的这种创新,为快板书的表现形式注入了新的生命活力。

他,为弘扬快板书艺术做出的贡献为全国第一。

为了使快板书艺术在全国发展繁荣,志宽自筹经费,先后组织了五次全国快板书大赛,培养、推出了一大批人才;近年他又牵头撰写了二十余万字的快板书教材,该书即将问世。

他,尊老爱幼为天津曲坛第一。

师父李润杰的老伴无工作，师父故去后，志宽便主动承担起赡养师娘的义务，此事全国曲坛尽人皆知。师娘有病住院，他总是忙前忙后，直至将师娘送终。

教授志宽相声的师父是白全福，在白老故去后，他又承担了照顾白师母的义务；而且天津曲坛的王毓宝、赵玉明等老艺术家，谁家有困难他都跟儿子一样帮忙解决；年轻演员搞专场、出书、出光盘，他也是主动帮忙拉赞助。

如今他退休已近十年，可仍然一如既往地孝敬着津门曲坛数位老艺术家。

他，保留天津曲艺遗产的贡献为津门第一。

天津曲坛底蕴丰厚，为了传承其中的名家名作，他拉赞助、跑经费，先后出版了《天津当代曲艺人物志》《天津50年曲艺创作选》《天津鼓坛名家传统唱段选》。而当书出版时，他又主动让贤，坚持让他人做主编。

其师李润杰在世时，曾将一部凝聚一生表演创作经验的书稿——《李润杰快板书艺术》，交某出版社出版。但因该社在体制改革中解散，将未及出版的书稿丢失，致使李老生前甚为遗憾。志宽为此奔走多年，不但千方百计找到书稿，而且自筹资金，在"纪念李润杰八十诞辰"活动中得以公开出版，为曲坛保留了这份珍贵遗产。近年来，他还组织出版了两辑《全国快板作品选》。

上述志宽的"第一"，可能"挂一漏万"，但窥斑知豹。在55年的铿锵竹韵声中，他一路高歌着至刚、至强、至大、至美的昂扬有力的主旋律；高歌着他对艺术的真挚情感；高歌着他从艺55年的探索、创新与实践；高歌着他对艺术的不懈追求和生命礼赞；高歌着他对尘世媚气、俗气、小家子气的荡涤与一位大家之正气。

笔者认为，本书的问世，是为中华文学艺术宝库增光添色；是探赜了志宽从艺55年的脚步、心灵、境界及艺术轨迹；是叩开志宽心扉、寻觅其从艺做人之宝典；是披露其父子真情、育子艰辛及子健成才之"秘籍"；是窥知志宽家庭及个人爱好之鲜为人知的趣闻和令人捧腹的益智之书。该书出版的意义有三。

首先，义以美德为魂。

在书中，诸多名家颂扬、总结了志宽无数义举，使人读起来热血沸腾、唏嘘不已。而我要说的是，要透过这些义气、义举抓住志宽"义"字背后的一个魂。我以为，这个魂，就是在志宽身上闪光的中华民族传统美德。有了这种美德，他才知孝；有了这种美德，他才知义；有了这种美德，他才能从必然到自然，从自发到自觉，一以贯之。而这种美德，在当前具有什么现实意义和深远的历史意义呢？近读一位学者的文章，他认为：现在中国最怕的是什么？不是西方敌对势力，不是钓鱼岛之争，不是暂时的经济落后，中国人目前最怕的是道德沦落。此话虽显尖刻，但我认为确应把中华传统美德提到一个更重要的位置。而在我们身边的张志宽就是应该学习和褒奖的楷模，此书就是宏扬美德的一部精彩之作。

其次，艺以时代为本。

在业内外，志宽已被人们誉为当今快板书艺术的扛旗者，是业内当之无愧的领军人物，是具有自己鲜明表演风格和理论经验并自成系统的艺术家。但探赜其艺术生涯，探寻其本质，最应看重的是其紧步时代，从不落伍。他有时代的语言、时代的角色、时代的形象、时代的风格、时代的作为。他从思想上、艺术上、行动上紧叩时代节拍，紧随时代潮流，并在时代的大潮中锤炼自己。最近学习近平同志在文艺工作座谈会上的讲话精神，我认为最核心的就是文艺工作者要"引领时代风尚"。所以，时代才是塑造艺术之本。此书在叙述志宽的艺术之路上抓住了本。

最后，人以奉献为根。

本书描绘了志宽诸多无私奉献的事例，有了这些无私奉献才是一个大写的人，这是志宽做人及立足的根基。有了这个根，才能堂堂正正地做人。志宽今年虽已 71 岁高龄，但他不服老不觉得老，社会公益、慈善演出等凡有艺术家奉献的场合都有他的身影，都能听到他铿锵有力的竹板声。他为什么有如此的精力和活力呢？他有一句话，就是"为快板而生，为快板而死"。这就是他做人、做艺之根！

祝愿志宽兄艺术青春永驻！

是为序。

乙未年冬

**目 录**
CONTENTS

# 一、心灵的烙印

在我的心中,有一个永远也抹不去的烙印,那就是我爸爸张志宽是为艺术而能献出生命的人。

1972 年初夏,我未满 4 岁,爸爸演出任务繁重。他所在的天津市曲艺团已于 1968 年与天津市杂技团合并,更名为天津市曲艺杂技团。这个团是"文革"的重灾区,那个时候,马三立、骆玉笙、小岚云、史文秀等一批老艺术家,有的身陷"牛棚",有的被下放农村,留下来的三十多位曲艺演员和乐队成员,承担起了繁重的演出任务。我爸爸除了表演快板书之外,还要给相声演员王佩元捧哏。同时,他还担任演出队队长,联系业务、安排演出,事事亲为。那个年代,为了配合形势,他还要突击上演紧跟形势的 "对口词""三句半" 以及和鼓曲演员演唱 "数来宝",在经久不息的掌声中,不断地返场……很快,他累病了。

有一天,常宝霆看见他脸色惨白,心疼地问:"志宽,你脸色怎么这么难看? 佩元! 赶紧送他去医院!"常宝霆吩咐自己的弟子王佩元用自行车驮着他去了医院。经过检查，大夫说："累的！而且嗓子充血，除了治疗之外还要卧床、禁声。""这可不行！我歇了，影响全场演出。给我加大药量行吗？"于是他不但没休息，而且恨病吃药，结果彻底倒下了——头晕目眩，别说站着了，就是坐着都困难。医生说是链霉素中毒，就他当时的情况，半年能下床就是奇迹。

他坚持不住院，团里派"牛棚"中的一个所谓"牛鬼蛇神"，每天用三轮车拉他去总医院扎针灸。他咬着牙，含着泪，鼓励大夫在自己的脑袋、脖子上多扎针，每天光头部就要扎几十支针。他坚强地忍受着。那时生活条件都很差，爸爸身体弱需要加强营养，妈妈便想方设法给他多吃一个鸡蛋，多吃一点儿肉。那时生活用品都是定量供应，买肉买蛋得凭票。师爷李润杰心疼坏了，他们全家好长时间不吃肉，攒下肉票，炖了一锅肉给我爸爸送来……

我那时看到的，是一个无比坚强且令人匪夷所思的爸爸。李润杰师爷与作家朱学颖专门为我爸爸量身打造的快板书《孙悟空三打白骨精》创作完成了，我爸爸坚持要"上活"。但他那时视力极差，看东西模糊不清，而且在床上根本坐不住，得用被子、枕头架在身体两侧，后背靠着墙才不至于倒下，即便这样有时也会东倒西歪。怎么背词儿呢？他有办法，让妈妈每天给他念十句至二十句词儿，然后妈妈去上班，下班回来他背给妈妈听。

直到现在，每当我回想起妈妈眼含泪水给爸爸念词的场景,仍然像有重锤敲击着我的心脏,令我心痛。这种撕心裂肺的感受,我终生难忘!如今我也成了演员,是爸爸用他的行动告诉了我什么是真正的演员,什么叫视艺术为生命。

　　不久,词儿背下来了。可他走不了路,又非要上场!怎么办呢?

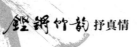

## 二、"死也要死在台上！"

我妈妈太心疼我爸爸啦！她坚持让我爸爸再治疗一阶段，起码能在地上自由活动了再上台。那时，我记得妈妈说过这样一句话："唱快板的少了你一个没关系，咱家要是少你一个，我们娘俩怎么过啊？老太太怎么活啊？！"可是她拧不过我爸爸："这是7月1日向党的生日献礼的演出，我是党员，死也要死在台上！"

现在我才相信，那位叫泰戈尔的著名哲人说的话："信仰是个鸟儿，黎明还是黝黑时，就触着曙光而讴歌了。"

为了向7月1日党的生日献礼，我爸爸坚持要上演《孙悟空三打白骨精》。当初医生说他半年能下地就不错，而此时他才治疗了一个多月，强大的精神力量与强烈的责任感给予了他常人难以想象的执着和毅力。不能走着上台，他就让人先把大幕拉上，两个人将他架到舞台中央，然后再拉开大幕。

那天演出是在天津的民主剧场。当报幕员从紧闭着的大幕中间出来，刚报到"下一个节目，快板书《孙悟空三打白骨精》"时，掌声足足响了两分钟。为什么？"文革"时期将所有的传统节目全部轰下舞台，此刻观众能听到《西游记》片段都激动得不得了。当报幕员又报出"表演者张志宽"时，掌声更加热烈。这让在大幕后面的我爸爸很激动，他忘记了患病的身体，当大幕在掌声中徐徐拉开后，他声音洪亮地朗诵起毛主席诗词："一从大地起风雷，便有精生白骨堆……"

为什么要先背诵这段毛主席诗词呢？这是李润杰师爷和作家朱学颖的高明之处。不是不让演传统节目吗？加上这段毛主席诗词我们就是诠释毛主席诗词，谁敢反对？当然，粉碎"四人帮"之后再唱这个节目时，这段诗词就不用了。

这段节目饱含着多少人的期望啊！这是曲艺舞台在"文革"中的一次历史性突破；是给快板书表演曲目注入了新的生命力；是给观众一个清新的解放思想的信号！我妈妈和师爷李润杰、作家朱学颖及后台的演员，都是含着泪看我爸爸的表演的。当他朗诵完毛主席诗词最后一句"只缘妖雾又重来"后，便开始起板儿演唱："我说的是唐僧到西天去取经……"手眼身法步，虽无大张大合，但表情、动作一丝不苟，看不出一丝病态。

二十多分钟的唱段，大家提着的心像被煎熬了一年。终于唱完了！大幕迅速拉上，再看他表演区域的地上，他流出的汗，像是在地上泼了一盆儿水。台下的掌声、喊好声经久不息，还让他返场。于是，他又坚持演了两个小段。

这场演出，是我看过的最刻骨铭心、永远不能忘怀的演出。

同样让我也忘不了的，是我第一次去剧场时，看到了我爸爸遭遇"不公正"的情景，当时我哭着喊着要跟他们玩儿命，我喊的是什么呢？

# 三、"不能枪毙我爸爸！"

那年我不满两岁，妈妈高兴地对我说："你爸爸能演出啦！跟妈妈看你爸爸的演出去！"

怎么回事呢？

那时是"文革"初期，传统曲艺节目都不让演了。虽然当时天津市曲艺团与天津市杂技团已合并，但舞台上演出的基本上是魔术杂技。怎么才能让曲艺演员登台呢？

别说，那时的演员队伍中，还真有高人。他们挖空心思地将魔术和杂技"政治化"，创新编演了一场"地道战"。这样，除魔术、杂技演员登台外，曲艺演员也能跟着上台"跑龙套"了。

节目的情节是这样的：戏中的落地箱子先由日本鬼子搜查，里面没人，这就等于是变魔术的向观众交代这是一个空箱子。等鬼子一转身，却从箱子中钻出一个"八路军"，只见他手一挥，"叭"地一枪把鬼子撂倒在台上了。除空箱子外，什么水缸、墙壁、土坑都能钻出人。杂技演员会功夫，他们在台上"对打""翻跟头"。

这个节目让天津市"文革"领导小组及工宣队、军宣队都喊好！可是天津的观众看完不舒服，说："嘛玩意儿，整个一个'四不像'！"有一次，表演炸敌人碉堡，扮成八路军的武功演员"翻跟斗"出场，上"二阶人"（即人梯），扔完炸药包，可碉堡纹丝儿没动——原来是管道具的没配合好。于是还得重炸，不能让碉堡在那儿立着。此时台下的观众就乱了，结果管道具的进了"牛棚"。

那时能上场的演员得政治表现好。曲艺演员表现好的能上台演个匪兵甲、鬼子乙就不错了。著名相声演员常宝霆当时只能在后台拉大幕或拉布景景片，他可是受了罪了。他才九十多斤，只能用尽浑身力气拉景片，结果一使劲儿，景片没拉动，人却被景片吊上去了。他又不敢松手，只能冲着大伙儿喊："快！拽我腿，把我拉下来！"

我爸爸能上场了，证明他表现好。可是他演的是鬼子乙、匪兵甲之类的角色，一晚上得让人"毙"好几回。但是能上场的演员就能跟演样板戏的"样板团"享有一样的待遇，每人每月补贴6元钱，这在当时可是一笔可观的收入。妈妈很高兴，就抱着不满两岁的我去了剧场。

我爸爸一出场，妈妈就跟我说："那个是你爸爸！"我正高兴时，没想到后台"嘣"一声枪响，把我爸爸给"枪毙"了！我当时急得嚷起来了："哎呀！不能枪毙我爸爸！"观众一看："这小孩怎么回事？"剧场乱了。越乱，我越怕爸爸吃亏，便大喊大叫："不能枪毙我爸爸……"我妈一看，赶紧把我抱后台去了。到后台之后我还哭:"谁也不能枪毙我爸爸,我爸爸是好人……"后来,我到天津市曲艺团当了学员,大家都拿我开心:"你爸爸什么时候毙呀?""哎!这事儿得把你爸爸毙了!"

我在进天津市曲艺团之前,已经多次录音、录像并获过奖。后来从事了影视表演,尤其是演了《神探狄仁杰》中的元芳后,"元芳,你怎么看"成了时髦语言。总有记者和业内外人士问我:"你成功的秘诀是什么?"今天,我可以坦诚地告诉大家,我还真有"秘诀",什么"秘诀"呢?这个"秘诀"又是怎么来的呢?

# 四、爸爸教我成功的"秘诀"

我现在已经演了一千多集电视剧,《神探狄仁杰》热播了五年,另外还有《白眉大侠》《甘十九妹》《英雄》《飞虎神鹰》《借枪》等,观众都比较喜欢。所以经常有人让我谈表演经验,甚至问我成功的"秘诀"。

您知道范伟、巩汉林、黄宏、冯巩等演员是怎么走向小品和影视成功之路的吗?知道朱军怎么成为央视当红主持人的吗?告诉您:他们都启蒙于我们民族艺术的瑰宝——快板与相声。

您还记得,我在前面说过的我妈妈给患病的爸爸每天念20句《孙悟空三打白骨精》的台词吧?其实我也跟着沾光。当时4岁的我,就能把全部《孙悟空三打白骨精》的词儿背下来了。而且我爸爸在教我快板和相声的过程中,使我获益匪浅,具体表现在以下几方面。

1. 给我打下了牢固的台词基本功。快板和相声中的绕口令、贯口,需要抑扬顿挫、气发丹田、口齿伶俐。我在曲艺团当学员时,我爸爸要求我无论是酷暑还是严冬,都要练基本功。这种"冬练三九,夏练三伏"打下的基础,使我在吐字发音上得心应手。尤其是录影视剧的同期声时,我常常能使导演高兴地喊"OK",甚至还加上一句:"痛快!过瘾!"

2. 让我能迅速进入角色。快板书表演讲究"一人一台戏",人物进进出出,有时在一个节目中演员要扮演多个角色,这就要求演员进入角色要快。快板书的塑造人物,非常神奇和讲究。什么人物需要点到为止,什么人物需要表演夸张,什么时候需要向观众交代,什么时候要使用幽默、调侃的语气和"抖包袱儿",学问很大。尤其是我爸爸和我在对唱《武松赶会》时,那种进进出出、迅速进入角色的表演使我获益终生。

3. 教会了我在表演中如何适应现场与环境。在演员的反应能力方面,快板与相声的表演要求演员既能应变各种环境,还要能现场抓"现挂",此外更需掌握临时处理场上出现各种情况的技能。而这正是影视演员在表演中最需要的。在这方面,我在曲艺团做学员时,我爸爸对我进行的辅导为我奠定了基础。

我上小学四年级时,就参加了电视剧《纽扣》的拍摄;上小学五年级时,电影《大虎》和《瑰宝》都挑上了我当演员。在这三部片子中,我虽然演的不是一号人物,但导演和业内同行都夸我的表演收放自如,恰到好处。后来我考上了北京电影学院,在上学期间参加了《青春无季》等多部影视剧的拍摄,这也得益于我当年的童子功。

张志宽在旧居前辅导童年时期的张子健

所以我经常说：是爸爸教给了我成功的"秘诀"，是快板、相声使我的影视生涯终身受益。我们做演员的，要经常向中国传统艺术取经，千万不要忘记我们民族艺术的博大精深。在这里我也要奉劝喜欢表演的青少年朋友，最好也学一点儿快板、相声，用姜昆先生的"砸挂"说："朱军所以成功，得益于相声，他说相声'不行'，改行当了主持人，希望青年朋友们都学一点儿相声，起码也能'混成'朱军这样儿。"

我与快板是天生有缘的，但是我第一次上台，可不是我爸爸安排的，想起来还特别奇葩，挺好玩儿。

# 五、首次登台之妙

我的第一次登台,得益于曲艺理论家常祥霖伯伯。他曾经
写过下面一段话:

张志宽大我一岁,我称他师兄,几十年来,他对我
的指教和关心如师长一般,让人感动。那时我当兵在
上海,他不止一次写信,每一次都代表师父叮咛和嘱
咐,古道热肠,溢于言表。在我当兵的十六年里,无论
在北京、在南京,还是在上海、在天津,每一次见到我
总是三句话不离本行:"写什么新段子了?""想不想要
什么本子?""想认识曲艺界什么人?我介绍!"当他知
道我还有什么段子没听过的时候,他会临上场时换节
目。而且为我临时换段子的事情,不止一次。20世纪
70年代初,部队领导为了培养我,批准我到天津市曲
艺团学习。当时李润杰先生是副团长,张志宽是演员

队长,都异常繁忙。在快板书技艺方面基本是张志宽示范和讲述。"开场板"是他教的,李润杰的表演口诀是他让我抄下来背诵的,《峻岭青松》《孙悟空三打白骨精》等,也是他拿来让我抄写……当时只要我提出有关快板书方面的任何需求,张志宽都会立马开讲,并且倾囊相授,没有半点儿藏着掖着、留一手儿什么的。张志宽给我的学习创造了别人没有的条件,让我跟着演员队一起深入学校、工厂、部队,从来没有拿我当外人。我也主动和大家一起装台、卸车,干一些零碎活儿。我至今能够和天津市曲艺团的男女老少相熟,都是那个时候打的底子。说来很有意思,无论在什么时候、什么地点,但凡有人夸奖他儿子张子健的时候,我都会说:"子健第一次登台是我抱上去的,当时他才5岁。"那天,在天津铁路系统的一个慰问演出中,我带着建新(当时张子健叫"建新")坐在台下看节目,张志宽演出的时候,小建新特别兴奋,几乎是合着张志宽的节奏把整个段子背诵下来。我很惊讶,问建新:"你还会唱什么段子?"建新说:"我爸爸唱的差不多我都会。"当时我灵机一动,趁着张志宽在热烈掌声中谢幕的时候,我把建新抱上台,没有想到,小家伙竟然毫不怯场,一板一眼地演唱了一段《土豆皮》。观众反应强烈,不让下场,又返了一个小段《蝈蝈和蛐蛐吹牛皮》。这个演出应当是这位影视明星的"处女"作吧!

　　我爸爸在演出了《孙悟空三打白骨精》之后，火得不得了，全国各地唱快板的都来向我爸爸学习，包括后来因表演快板《奇袭白虎团》而红遍全国的梁厚民，现在享受文职将军待遇的李立山，"小品王"黄宏，还有冯巩，等等。

　　俗话说，"没有马勺不碰锅沿的"，我爸爸一火，家庭矛盾可就来了，有时想起来还挺哏儿。怎么个哏儿法呢？

# 六、爸爸被抓住裤腰带啦

　　我爸爸的男女"粉丝"都特别多，因为他在20世纪六七十年代就火了，可以说是同时代演员中最先红遍全国的。尤其是他和师爷李润杰两人在1964年录制的《立井架》，轰动一时，甚至许多观众在听录音时以为是一个人唱的。

　　日前，我翻出冯巩老师庆贺我爸爸从艺55周年的贺信，他在信中说：

　　张志宽老师
是我从小崇拜的
偶像，就像崇拜马
季老师一样，无论
什么时候，在什么
地方，只要看他演
唱的快板书，都让

冯巩近照

我陡然生出一种健康向上的激情，顿时有一种技痒难熬的感觉，恨不能立刻就像他那样在舞台上大展身手。

后来我加入了曲艺队伍，曲艺改变了我的人生，这里也有张志宽老师的影响。

几十年来，张志宽老师的艺术令我折服，他的人格魅力让我敬重，他为人处事厚道热情，乐善好施，大忠大善，具有中国人自古以来就崇尚的优秀品质。在我的记忆中，曲艺界谁有了大事小情，张志宽老师好像都在场张罗，忙前忙后，不是亲人胜似亲人，不是师徒关系胜过师徒感情。张志宽老师是我的榜样，在他身上有我学不完的很多很多。

而黄宏老师则说：

第一次与张志宽老师接触是在70年代中，我们到天津去观摩学习，他表演的是快板书《孙悟空三打白骨精》。那时的张志宽潇洒、帅气，在继承李润杰老师快板艺术的基础上又有自己的创新。舞台上文武双全，20

黄宏近照

分钟长段,惊天动地,气壮山河。

　　一晃三十年过去了,在牡丹奖颁奖晚会上又一次看到他的表演。风采不减当年,成熟中又多了几分沉稳。从中我读懂了两个字,那就是"功力"。曲艺演员最重要的就是基本功,只有功底扎实,才会有更强的表现力,才能永葆艺术青春。

　　明快、优美、朴实、浪漫加在一起等于张志宽。希望志宽老师培养出更多的优秀接班人,让我们在舞台上永远可以欣赏到优秀的快板书艺术,永远领略到"李派"快板书风采。


　　北京市文联副主席、北京市曲协主席、著名相声表演艺术家李金斗老师则在给我爸爸的贺词中写道:

张志宽与李金斗在一起

年少聪颖禀赋高,小荷初露绽妖娆。

相声快板两门抱,名师亲传悟真妙。

《三打白骨精》《夜袭金门岛》,

《劫刑车》《立井架》《抗洪凯歌》士气高。

唱打多变风格全,"平、紧、俏、垛"有技巧;

大气磅礴势破竹,恢弘壮阔时代潮。

心系热土勤耕耘,扎根津门育新苗。

半生奉献不言苦,老骥伏枥枝繁茂。

活跃舞台五十载,继承创新显奇效。

承上启下掌门人,弘扬曲艺一代骄!

中国曲协顾问、20世纪60年代因编演《学雷锋》《南京路上好八连》红遍全国的朱光斗师爷也说:

在继承和发展李派快板书艺术方面,志宽是最优秀、最全面、功力最深、名气最大的一位。志宽十几岁就是天津市广播曲艺团的学员,在李老师身边的时间最长,看的、听的最多,受到的教诲和点拨也最多,长达三十年之久。他的演出实践更多,再加上他刻苦钻研,所以,志宽成为李派快板书艺术传人中不是"掌门"的"掌门人",也成为全国快板艺术的领军人物。

凡李老师唱过的快板书段子,志宽都能唱,而且唱得非常好。尤其他还向王凤山老师学习,掌握了王老师的"颠板"(平翻)及句头、气口的表演风格,目的是丰富自己的演唱技巧。他还有意汲取戏曲、影视表演中的一些元素,丰富了快板书表演的艺术手段。但,千变万化不离根本,他在表演上非常注重节奏和韵味,节奏上唱打多变,韵味上起伏连绵,在句头的处理上更是有他的独到之处,形成了自己的独特风格,加上他自己较好的嗓音条件,让人越听越爱听,越听越想听。

还有一点要提及的,志宽在舞台上很注意和台下观众的交流,针对不同的观众,有的以板头的花点赢得观众的喝彩,有的用"现挂"的包袱引起观众的兴趣。他的演出,包括到南方演出,从没"泥"过。有时把他的节目放在相声后边,别人问他:"可以吗?"他说:"没问题,

张志宽与中国曲协顾问、曲艺作家朱光斗先生合影

接'火'不接'温',他'火',我比他还'火'。"只有艺术经
验丰富、娴熟的艺术家,才有这样的自信心。

从上述三位老师的评价中,您就知道我爸爸当年够火
吧?就因为"火",那天回家坏事了。为嘛呢?我爸爸跟刘晰宇
两人出门演出,穿的是团里统一做的西装。刘晰宇年轻,喜欢
玩儿派儿,买了条裤腰带,中间有一个"爱"字。散戏以后,我
爸爸顺手扎腰带,没想到,把刘晰宇带"爱"字的腰带扎自己
裤子上了,他自己还不知道。到家以后,我妈妈的脸就沉下来
了,问他这条腰带哪儿来的,怎么还有一个"爱"字?把我爸爸
问得一愣,他当时也没反应过来。不瞒您说,他扎着一条带
"爱"字的腰带回家,我妈妈要不问就不正常了。于是便有了
下面的对话:

"说吧!你这腰带是怎么回事?"

"腰带?嘛腰带……"

"你看看,你自己都说不清……不行!这事儿咱没完,你
得说清楚……"

两人打得挺热闹。这时候,我赶紧给刘晰宇打电话:"坏
了!哥,我妈要把我爸给毙了!"

刘晰宇说:"为嘛?"

"为那条带'爱'字的腰带。"

"叫你爸接电话……"

我爸接过电话就问:"晰宇!我扎的那条腰带是你的吗?"

"嘛腰带……得了师叔,你让婶抓着裤腰带了吧?这得赶紧承认!"刘晰宇还跟他逗。

这时我抢过电话说:"哎哟!哥哥,您别逗了!不是我妈把我爸毙了,是你把我爸给毙了!"

这时连我妈也给逗乐了:"记住,你是党员、队长……"

我爸最后还没忘"找底"翻包袱儿:"你没完啦?别挨骂了!"

我们这一家子可以吧?!说实在的,我妈对我爸可是没挑。为什么呢?

# 七、爸爸报恩妈妈送钱

师爷李润杰于 1990 年患病辞世,师奶奶没有工作,虽然这老夫妇俩共有四个子女,但我爸、我妈和他们共同担负起了赡养师奶奶的义务。

我爸每个月都要给师娘送钱。如果出门儿演出,他就给我妈打电话:"淑珍,明儿该给师娘送钱了。"我妈总是说:"放心吧!我已经提前送去了,师娘挺好,让你安心在外演出。"

有时师奶奶住院,我叔李少杰给我家打电话:"咱妈住院了!"我爸和我妈也总是第一时间赶往医院。我妈是搞医的,所以总是想尽办法去照顾师奶奶。师徒如父子,我爸爸对师奶奶的情,我妈总是当成自己的事,她把我爸的师母当成自己的亲妈妈一样孝顺。逢年过节或师奶奶生日,她总是和我爸共同去看望,直至师奶奶去世。

我师爷李润杰故去后,我爸一直惦记着师爷生前的一件遗憾之事,那就是倾注师爷毕生心血的一本关于快板书表演及创作理论的著作因种种原因未能出版，而且书稿下落不明。

师爷生前于 1962 年、1964 年分别出版了两本《李润杰快板书选集》。我爸永远也忘不了第一本书出版时的情景。当时他还正在学徒，书出来以后，师爷首先把书赠送给他，并亲笔题写了"志宽徒儿惠存：努力学习，弘扬快板书艺术"的希望之语。此书我爸至今仍视为"宝物"，精心珍藏着。

师爷生前出版的书，都是他创作的节目，而这本理论著作对快板书的继承与发展，对指导演员及学习者的重要性，是不言而喻的。为此，我爸可是费尽了心机。他先是积极寻找该书稿的下落。找到后，又千方百计筹措经费，终于在 1997 年师爷 80 诞辰之日，使该书得以出版。

为了扩大该书的影响，他又搞了一次声势浩大的纪念李润杰 80 诞辰活动：

——举办李润杰艺术研讨会。邀请了全国多位著名理论家、艺术家，如刘兰芳、朱光斗、薛宝琨、刘梓钰、贾德臣、常祥霖、王天君、刘洪滨等，从理论的角度进一步总结了李润杰快板书的影响和地位。与会者一致认为：李润杰是大师级的曲艺艺术家，他的快板书创作及表演经验将载入曲艺艺术史册。

——举办《李润杰快板书艺术》一书首发式。邀请京、津等地多家媒体记者给予宣传、报道，使该书出版的消息迅速在电视台、电台播出，在报纸刊登。

——举办大型纪念专场演出。邀请刘兰芳、马季、杨振华、金炳昶、黄宏、王谦祥、李增瑞等艺术家加盟助演，并请享有

"词曲圣手"之称的作家朱学颖创作了鼓曲联唱《大树常青》，由六名中青年鼓曲艺术家演唱，热情歌颂了李润杰为曲艺艺术做出的卓越贡献。

当然，以上的一切活动，经费都是由我爸筹集。

他不但给师父出了书，还请天津美术学院教授景育民先生设计、铸造了师父李润杰的铜像，并于2005年10月在天津永安公墓风景秀丽的"文化园"内，举行了隆重的铜像揭幕仪式。中国曲协、天津文联的领导及艺术家、各界人士二百多人参加。这些事，都离不开永安集团总经理张昕伯伯的鼎力支持。他不但为李润杰、白全福、苏文茂、常宝霆、刘梓玉、张昆吾、王毓宝等众多老艺术家和理论家或雕像、或竖碑、或造墓，并多次出资组织举办大型纪念活动和雕像揭幕仪式，被大家广为赞誉，戏称其为"天津市地下曲协秘书长"。

但是，有一阶段，我爸总觉得有一件事对不住其师李润杰。

# 八、爸爸曾经遗憾的事

我爸爸在前几年,总觉得有一件事对不起师父。那就是在商品经济大潮的冲击下,李润杰认为能继承自己事业的小儿子李少杰下海经商不唱快板了。这是爸爸的一件心事,他又是怎么解决这件事的呢?下面看看我师叔李少杰自己写的一段话:

1997年举办首届全国快板大赛,我已经随着商品大潮下海经商啦。有一天,志宽师兄找到了我,跟我说要搞一次全国性的快板大赛,希望我也能参加。我当时已经十几年不唱了,功夫也搁下了,所学的唱词也忘得差不多了,就不想参赛了。一句话,就是今后想不干了。他知道后,又找到了我母亲(那时我父亲已经去世7年了),叫我母亲劝劝我,毕竟我是李润杰的儿子李少杰,将来要继承快板书这门艺术。在志宽师兄和我母亲的劝说下,我终于鼓起了勇气,决定参加大赛。

毕竟这些年经商时间太长了,早已把快板书表演的技巧、唱词、身段忘记了很多。志宽师兄鼓励我说:"兄弟!你没问题,你有很好的基本功,我来帮你恢复,师父不在了,我来帮你'说活',用不了多长时间你肯定行!"我说:"好吧!试试。"就这样我来到了师兄的家里,师兄给我一句一句地讲,一招一式地做示范,帮我慢慢地回想其中的句头、语气、声音的变化和技巧的运用。就这样我慢慢地又恢复了,去参加了大赛,得了一等奖。获奖回来后,他又找我说:"你一定要回团里来,继承快板书这门艺术,别在外面瞎闯了,你有义务和责任把快板书继承发展下去,你要明白你的位置。"在他的耐心劝说下我终于明白了,我知道我该做什么了,就这样我又回到了天津市曲艺团,继续做一名快板书演员,一直到今天。

从我记事就经常见他和我父亲一起弄活、排练,闲暇时他逗我们并和我们一起玩,在我心中,他就是我们家里的一员。我也看得出我父亲非常疼他,更可以说他和我父亲同荣同辱。"文革"时期爷俩一起受罪,一起写检查,一起挨批,一起苦恼着。在逆境中,爷俩也互相鼓励着,互相照顾着。他们爷儿俩都是在党的培养下学习、工作、进步的,我父亲在曲艺团当业务副团长,我的志宽师兄任演出队队长。他们爷儿俩都是优秀的共产党员,我父亲是全国先进工作者、劳动模范、人大代表,志宽师兄是享受国务院津贴的德艺双馨艺术家,在政治上爷俩是一对红花。在艺术上,志宽师兄表演的快板书可以说是当今艺术舞台上一杆大旗,他不是靠着媒体炒作包装出来的艺术家,也不是欺世盗名、自吹自擂、装出来的艺术家,是汗珠子砸台板,一板一句唱出来的。听他的《孙悟空三打白骨精》《武松打虎》《东方旭打擂》等作品,着实是一种享受,享受到了一种真正的快板书的味道,绝没有那种"一次性消费"的感觉,更没有那种还没继承就发展、叫人摸不着头脑、不知道是什么曲种的所谓"前卫"的那种东西。在真正的文化受到了大冲击的时代,他没有对快板书艺术动摇,更没受到那些不懂装懂、不学无术、所谓的"仁者见仁,智者见智"的影响。他始终坚持艺术的高标准,快板书讲究的平、爆、脆、美在志宽

张志宽与李少杰合影

师兄身上得以体现;表演上要求的快、清、准在他身上得以落实;情感变化体现得淋漓尽致。他所表演的快板书都具有艺术的两重属性,即思想性和娱乐性——就是以生动活泼的快板书艺术形式来表现严肃深刻的思想内容。我的志宽师兄不但在快板书表演上是我们快板人当中的大旗,在对快板书的发展方面也起到了很大的作用。他积极拉赞助、搞活动,开班教学,传授徒弟,宣传、弘扬快板书艺术,对快板书艺术兢兢业业,辛勤耕耘着。在各级领导的关心下,他搞了多次快板大赛,培养了众多快板书人才。在曲艺界都知道张志宽是个大好人,谁有困难他都帮助,为老先生举办各种活动奔前跑后,他就是曲艺大花园里的一只勤劳的蜜蜂。

我的好师兄……不对,师兄艺龄比我岁数还大,应该尊称"兄师"才对。写到这,我从心里说师兄谢谢你了,感谢你在我父亲去世后对我家里的照顾,感谢你扛起沉重的快板书艺术大旗,感谢你为快板书艺术培养了那么多的人才,感谢你为快板书做了那么多的事。

少杰师叔现在已是一位在全国有影响的快板书演员了,我爸爸足以告慰我师爷的在天之灵了。

我爸爸在快板书事业上取得了一定的成就。但是他总是忘不了在他成才之路上帮助过他的所有老师；忘不了他幼小时对快板书的热爱;忘不了自己艰难的跋涉历程。

您知道他是怎么学习快板书的吗？

# 九、失去从艺机会的痛哭

我们家是老天津卫。爸爸于 1945 年出生在天津西于庄一个普通的工人家庭。他应该排行十三，可是在他出生前，哥哥、姐姐已经夭折了五个，所以排行第八，上边有五个哥哥，两个姐姐。做小生意的爷爷在我爸爸出生前的两个月，去山东趸小商品，那时正是战火纷飞的战争年代，火车在行驶途中被炸，尸骨无存。家中的顶梁柱塌了，一家人生活更加艰难。奶奶是个了不起的家庭妇女，操持着一大家子的生活起居。爸爸是个"老疙瘩"，奶奶为了让爸爸做个有志气的人，为他取名叫张志宽。

旧社会的苦难及贫穷的家庭，锤炼了父亲幼小就能吃苦和坚韧向上不服输的性格。那时，他就希望自己能尽早上班，尽早独立、挣钱，帮助家里解决经济上的压力。

生活虽贫穷，但父亲聪明，他喜欢文艺，尤其是特别喜欢快板。家里没有搞文艺的，没人教。同班同学中有一个会唱快板的，他就和他一起学。家里穷，买不起竹板，他就寻找竹子，照猫画虎自己做。勤奋加天赋使他在五六年级的时候就参加了天津市的中小学会演，并获得了一等奖。

那时候我家对门儿住着一个日本华侨，他家里有收音机。电台经常播李润杰师爷的快板书，我爸爸就经常到人家家中听广播，这家人也挺喜欢我爸爸。就靠听，我爸爸竟然把《金门宴》听会了，并且一字不差地上台演了这个节目。

1960年，他听说天津市曲艺团少年训练队招生，高兴极了。怀着满腔的热情去报名，而且还特别顺利，圆满地通过了考试，并接到通知让他去学校开证明报到。看着主考老师脸上露出来喜爱他的表情，他自己也对未来充满了美好的想象和希望。他一蹦三跳地去学校开证明，同学们也都对他投来钦佩的眼光。但当他拿着学校开的证明到天津市曲艺团去报到时，负责人事的干部才发现，他的学龄已经超过了此次招生的范围——少年训练队只招收小学三至六年级的学生，而他当时已经上初二了，人家不能超范围录用。欢喜和希望霎时化为泡影，太委屈了，他鼻子一酸，哭着离开了天津市曲艺团……

光难过还不算，回到家里还惹出一场风波——因为他是瞒着家里人去考曲艺团的。当时他的功课特别好，家里边希望他上学。过去家里穷上不起学，现在解放了，张家希望能培养出一个大学生，怎么能让他去唱快板呢？再有，因为旧的传统观念，张家也有些瞧不起干曲艺的。为此，他哥哥还把他打了一顿。好不容易考上了,结果人家不批,还白白地挨了一顿打,我爸爸心里这个冤啊!

招生制度不能破坏,与天津市曲艺团彻底无缘了。那么,我爸爸又是怎么走上艺术道路成为专业快板书演员的呢?

# 十、机遇与运气的挑战

　　运气与机遇往往青睐敢于挑战的人。就在我爸爸心怀郁闷返回课堂时，充满戏剧性的一幕很快便出现了。

　　两个月后的一天，我们家里来了一位陌生的"贵客"，他就是著名曲艺作家张昆吾(笔名夏之冰)老师。此次他是受快板书创始人李润杰先生之托来的。当时，天津广播曲艺团正在为李润杰先生寻找快板书艺术接班人，李润杰先生便托付著名相声表演艺术家郭荣启先生帮他物色合适的人选。而郭荣启先生则向李润杰先生推荐了我爸爸。

　　那么郭荣启老先生又是怎么知道我爸爸和我们家地址的呢？

　　这还得从我爸爸此前投考天津市曲艺团少年训练队说起。话说那天我爸爸因学龄不符哭着跑出天津市曲艺团时，一位主考老师跟了出来，他从身后叫住了我爸爸，不但亲切慈爱地加以安慰，而且还请我爸爸留下了家庭地址。而这位主考老师,便是一直看好我爸爸的郭荣启老先生。

张昆吾先生此次前来,是通知我爸爸去天津广播曲艺团参加面试的。面试时,主考官有常宝霆、白全福等曲艺名家。李润杰师爷因去福建慰问演出没能到场。我爸爸以一段《金门宴》,得到了所有老师的认可,顺利地通过了面试。

就这样,经过特批,我爸爸成为天津广播曲艺团(后与天津市曲艺团合并)唯一的一名学员,开始从事快板书的学习和表演。

从因学龄问题与理想失之交臂的落选者,一下子成为踏上艺术道路直通车的幸运儿,而且还是跟快板书创始人李润杰先生学习,我爸爸两个月来的沮丧与失落,瞬间变成了幸运与惊喜。以前他只是在广播里听到李润杰的名字和声音,一个普通工人家的孩子,上哪儿去见李润杰啊?!这真是做梦也想不到的幸运与惊喜!

接到报到通知的那天,他高兴得整整一宿没睡着觉。第二天到电台去报到、领工作证时,他胸前还戴着红领巾。而当第一次拿到17元工资的时候,他禁不住高声喊着:"妈妈,哥哥,我挣钱了!"

虽然挣钱了,但是他没有忘记在艺术道路上更要拼搏和努力。在之后的日子里,他刻苦训练,师父布置的作业他都提前完成。早上别人还没起床,他就摸黑开始练功,无论是酷暑还是寒冬,他都坚持不辍。打板不怕手上磨泡,练嘴上功夫比任何人都能吃苦。他甚至连吃饭或者做梦都在模仿着师父的一举一动。很快，从举手投足、气口、节奏到声音，他几乎都与师父如出一辙了。有时他在练功时，别的老师在门外从声音上判断，以为是他师父在唱："润杰来得这么早？"推开门一看，原来是他。

除了在业务上刻苦努力，我爸爸也没有忘记在政治上做一名要求进步的青少年。加入广播曲艺团时间不长，他就于1962年光荣地加入了共产主义青年团。

机会也来了。天津市要选拔好苗子参加"天津市青少年曲艺汇演"。那个年代，在天津和我爸爸先后学习曲艺的青少年足有一百余人，除了天津市曲艺团有少年训练队之外，各区曲艺团也大都有少年训练队或随团学员。当时学快板的全市有十余人。为了检阅学员们的成绩，天津市每年要举办一次各个艺术门类的汇报表演。没想到，我爸爸学艺刚刚半年，就被选上了，太难得了！

可是在即将演出时，他却意外受伤。怎么办？

# 十一、受伤的痛苦

　　我爸爸的进步太快了！当他准备参加 1961 年迎六一"天津市青少年曲艺汇演"时,李润杰师爷和电台曲艺团的老艺术家们都纷纷看好这个苗子，而且大家也替润杰师爷高兴:"这回你行了！选了这么好的一个接班人！"甚至有的老艺术家还忌妒地向电台领导提意见:"为什么只给润杰选学员？我们也需要人接班呀？"

　　润杰师爷更高兴,在所有被选上参加汇演的学员中,学艺半年的,就我爸爸一个。于是他便鼓励我爸爸说:"能选上就了不起！拿不拿奖没关系。"因为我爸爸参赛的曲目是润杰师爷为他创作的《夜袭金门岛》,所以润杰师爷告诉他:"这个节目是我近期创作中最满意的，由你首演，争取成为你的代表曲目。"这真是太感人了！有了新节目师父不唱,给了学艺刚半年的学员,这在当年艺术界也是少有的。对此,我爸爸深受鼓舞,他为准备这个节目也玩儿了命了。

天有不测风云,上帝似乎总是把磨难降给幸运的人。因为我爸爸从小就懂得敬老,所以他每天在老艺术家上班前,都帮他们把水打好。可没想到,就在比赛的前两天,他在帮老师打水的时候,暖水瓶炸了,把他的左脚烫伤了。而且烫得还很重,脚上都是泡,当时他也不懂,一脱袜子,脚面上的皮都被带了下来。

老师们都心疼坏了。

"还能参加比赛吗?"润杰师爷都快哭了:"宝贝儿,咱还能上台吗?"

"能!我不疼!"

"不行!你走道儿都一瘸一拐的,这怎么上台表演呢?你妈妈把你托付给我,我得对得起你的家长。"

"您为我写的活,不演对不起您……"

爷俩眼里都含着泪。

汇报演出开始了。我爸爸被烫的脚,穿演出鞋都困难。最终,鞋是穿进去了,可一走道儿就钻心地疼。他怕别人看出来被取消参赛资格,就咬牙忍着。

该上场了,只见他好像什么都忘了,健步走向台中央,手起板响,一段传世经典《夜袭金门岛》,就这样首次亮相在比赛舞台上……

漆黑的夜里像墨染,

海面上飞来了一只船。

　　这条船直奔金门岛，

　　真好像风驰电掣箭离弦……


　　台下鸦雀无声。这是他第一次走上这么隆重的舞台，台下是来观摩的曲艺界演员和学员；这是他第一次面对天津市的众多专家、评委和文化界的领导；这是他第一段被天津电台全程录制和播放的节目；这也是他第一次获得如此多的掌声和赞扬声。

　　"太好啦！这是新中国成立后我们培养的最有希望的快板书苗子。"

　　"这不就是小润杰吗？！"

　　台下看演出的润杰师爷眼睛湿润了，只听他心疼地对大家说："有谁能知道，这孩子脚上还带着伤呢？！"再看舞台上，我爸爸一招一式、动作、表情，丝毫看不出他脚上有伤。洒脱、大方的表演，比他在台下排练发挥得还好。

　　评选结果出来了，我爸爸获得了汇演一等奖。

　　但他没有骄傲，他认为是师父教得好。

　　广播曲艺团的老师们也为他高兴。但是老艺术家们爱惜人才的方法不同，在这时，不对他进行任何表扬，相反，要求更加苛刻。可能您想象不到，有时对他出现的一点儿不足，竟然会当众给他一个下不来台。

# 十二、忘不了的被"砸挂"

当年,天津市广播曲艺团中名家众多,如李润杰、常宝霆、小岚云、白全福、曹元珠、司马静敏、陆倚琴……诸多曲种的代表人物大多云集于此,那真是一个艺术的大熔炉。能够在这样一个艺术团体工作,能够目睹这么多曲艺名家精湛的表演,这真是我爸爸的幸运。而且这些老艺术家们都关心他、帮助他。

老艺术家们在教学方法上,各有独到之处,有些还有点儿特殊。

我爸爸是天津娃娃,吐字发音需要进行严格训练。虽然他在台上唱快板用的是普通话,但老师们要求他在平常说话中也不能有尖团字、齿音字、倒字。尤其是白全福先生,非常喜欢我爸爸,经常告诉他:"台上一分钟,台下十年功。"

白全福师爷在吐字方面给我爸爸讲了不少道理:"平常说话就是练功,什么地方用儿话音,不能只看文字,比如文字上的‘快板书’，‘板’字后面没给你写儿话音，但念时应念‘板儿’，好听。念‘板’，‘快板’，就难听了。不能念‘倒字’，‘快’字念起来要好听，‘快板书’三个字要有轻重音。‘快’如念成‘蒯’就为倒字。而且绝不能有齿音字，三、山不分，四、事不分就为齿音字。轻重音也特别重要，比如两人一见面说：‘有日子没见，您可大变样了。’就得在‘大’字上用重音。如果在‘变’字上用重音，坏了！那就成‘大便样了’，成‘大便’了。”

您瞧，相声演员就是与常人不一样，训徒他还“抖包袱儿”呢。道理讲完了，白爷爷知道真改起来不是很容易，要想让学生进步快，他有特殊方法。

一天，团里改善生活，食堂做了炖肉。白全福师爷故意问我爸爸：“志宽，今儿吃什么饭？”

“干饭炖肉。”可是我爸爸说的不是“肉”的发音，而是“右”。白全福师爷故意要扳他的齿音字。别看老艺术家们没什么文化，有时领工资签自己的名字都不会，但授徒可有绝招儿。

白全福师爷想：我这一次就能把你的齿音字彻底改过来！于是当我爸爸刚说完“干饭炖右（肉）”时，他马上“砸”了一“挂”，说：“吃炖‘右’，你怎么没吃炖‘左’啊？”旁边的人全笑了。我爸爸听了先是一愣，但立马儿就醒悟了：刚才白老师看见我吃什么饭了，可是还要问我，就是为了纠正我的齿音字。而且当着这么多人拿我“砸挂”，是让我猛醒，这比打我一巴掌都难过。于是，他马上改了：“我吃的是‘肉’不是‘右’！”就这一次，"ròu"和"yòu"的准确发音让他记住了一辈子。

从这以后，我爸爸念报纸时先翻字典，话未出口先琢磨对不对。没有多长时间，他嘴里就干干净净了，再也听不见一个齿音字、倒字和尖团字。

其实，看起来白全福师爷这种讥讽式的"砸挂"确实让人脸红，但见效还真快。同时，我爸爸还从白全福师爷的教学中，学到了书本上学不到、平常听不到的东西。

# 十三、获白全福的"邪招"

老艺术家在训徒教学上都有自己独到的学问，有时还有"邪招"。

在 20 世纪 60 年代初，团领导要求每个学员都要成为多面手。对于我爸爸来讲，除了向李润杰师爷学习快板书之外，还要再学习一门艺术。学什么呢？经过征求其师李润杰的意见，决定学相声。李润杰也会说相声，而且与赵佩茹、杨少奎、刘奎珍、刘广文等人是同门师兄弟，都是焦寿海（也叫焦少海）的弟子。他的《卖布头》《杂学唱》等传统节目颇见功力，尤其是他的《卖布头》中的吆喝、《杂学唱》中的学西河大鼓，都是一般相声演员难以超越的。但润杰师爷太忙了，于是便决定由白全福师爷授课。

前面讲了，白全福师爷特别喜欢我爸爸，他先教我爸爸打基本功的节目——《报菜名》。不到两个月，白全福师爷便说："宝贝儿，你可以上台了。台下练百遍，不如台上演一遍。"

"那谁给我捧哏呢？"

"我亲自给你捧,咱就使《报菜名》。"

演出开始后,该我爸上场了。坏了!他紧张得连五官都挪位啦!唱快板他不"顶瓜(忧头)",第一次说相声他可真发忧了。首先是学得时间太短,活不瓷实;再有就是台下坐着多位领导及大牌儿艺术家,他们的眼光都很挑剔;此外那天来的众多观众也不是好"惹"的,天津观众的眼里不揉沙子,稍有差错就能把你哄下台。

这时,常宝霆看出我爸爸"顶瓜"来了,马上告诉白全福:"不行!他太紧张了,上去准砸!"

这怎么办呢?头一次要是砸了,以后他上场就会继续"顶瓜",相声就没法学了。老艺术家们都知道,这时候什么思想工作都不管用了,你告诉他:"别紧张!"他会更紧张。

其实不用着急,老先生们训徒都有自己的"邪招"。这不,白全福师爷的办法就是真绝。只见他笑呵呵地对我爸说了一句话,就把他的情绪给稳住了。他说:"小子!你上了台就是爹!"意思是说,一个演员上了台,就要目中无人,甭管后台有什么"蔓儿",你是"爹",你想怎么演就怎么演,演的不对也没关系。您别说,这招还真管用,我爸爸心想:"我是爹!怕你们干什么?"

上台后,白全福铺垫的第一个包袱儿就响了。我爸爸更不紧张了,沾包袱儿就有,到了背贯口时,起了多次"尖儿(即掌声)",还返了场。高兴!这时白全福师爷又把他喊了过来,说:"上场前我跟你说'上台你就是爹',这只是半句。"

"啊?半句?"

"对！后半句是'下台当孙子'。甭管大辈儿、小辈儿甚至是观众，你都要虚心，别人才能帮你，你才能学到东西。"太深奥了，语言朴素但有哲理。这句话让我爸爸终身受益。

此外，特别需要指出的是，白全福师爷一生徒弟众多，但他从未给徒弟们捧过哏。如果说有例外，那就只有为我爸爸捧过这一次。

1962年天津广播曲艺团与天津市曲艺团合并，广播曲艺团的演员由原来主要为广播听众服务改为主要在剧场演出了。我爸爸又碰到什么困难了呢？

# 十四、艰难磨砺露峥嵘

　　当时曲艺团的业务演出，形式还是原生态时期的计时收费。这种演出环境，让很多曲艺演员甚至是已经取得辉煌艺术成就的名演员都望而却步。

　　为什么呢？计时收费是从下午两点演到晚上十点，演八个小时，中间不休息。周日是从上午十点演到晚上十点。观众随意进出，十分钟二分钱。想看谁想听谁，就进去听，不愿意听，起身到门口按时间结账走人。如果一个演员上场后观众走了一半，不仅自己脸上难看，也会影响后面演员的演出效果，甚至还会影响全场收入。最难堪的是，观众要是不愿意听你，他也不走，而是到门口抽烟聊天，等你下场后再进来，这实在是让演员很没面子。而且在这种剧场演出，一个园子最少得演三个月或半年。你不掌握更多的节目也不行，人家观众一来，你还唱那几段，听过了，人家也离场。因此，一个演员会二三十个节目都不够用，一年365天每天都要演出，一天最少演两场,这是一种巨大的压力。我爸爸就是在这样的舞台实践中摸爬滚打、勤学苦练,在舞台上树立起了自己的形象。

他的演出不"酥黏(即观众不走)",有的观众还是专门来听我爸爸的。比如,计时收费最难接的是"饭口",也就是快到吃晚饭了,观众得回家吃饭。往往这个时候,剧场得走一半人。可是我爸爸一出场,"奇迹"就出现了。他接场,观众竟然走得很少。这是因为首先我爸爸岁数小,观众看着新鲜;再有就是电台经常播放我爸爸的录音,观众认可他;另外也就是最关键的,便是观众总能听到新活,不重复。还有就是那时街头巷尾四处都有竹板声,这个曲种经李润杰师爷的改革发展,说新唱新,已经受到了观众的普遍欢迎。

我爸爸当时会多少活呢?基本上李润杰师爷唱的他全会,而且他自己还积极上适合青年人演的新活。电台录了他多少段呢?现已很难统计。日前中央人民广播电台找出来他一段1961年录的《火焰山》,这说明他学艺不到一年,就已经走入全国听众之中了。

那时,他们计时收费经常去的剧场,是劝业场楼上的"天乐戏院"和东兴市场里面的"大娱乐"。不少观众就是专门听他而来,待他上场再入场。有时他上场后,剧场里面坐满了,门口等着排队入场。

在这些"粉丝"中,除了喜欢他的观众,还有是想学快板的文艺爱好者和从外地赶来的专业快板书演员。都有谁呢?您知道在"文革"中唱《奇袭白虎团》而红遍全国的梁厚民吗?他在一篇文章中这样写道："记得我到北京曲艺团后，要上快板书《千锤百炼》，领导开了信，让我到天津找李润杰老师学习。我到了天津市曲艺团后，李老师没时间，就是请张志宽给我导演排练的快板书《千锤百炼》，这段快板书回到北京演出很受欢迎。"

辉煌有时与灾难并存，任何事情都没有一帆风顺的。"四清"开始了，苦恼、彷徨、不理解在考验着每一个人的品德。我爸爸经受的是什么考验呢？

# 十五、不出卖同事的"壮举"

天津市曲艺团进驻了"四清"工作队。

马三立早在"反右"中已被打成"右派分子",赵佩茹被打成"右倾"。我爸爸虽然没赶上"反右"运动,但"四清"开始后,他才知道马三立被打成"右派"的原因是因为演了《买猴》。因为写《买猴》的何迟被打成了"右派",所以演《买猴》的演员也在劫难逃。当年马三立被免去副团长职务,工资降一级。本来在经过几年的农村"流放"后,此刻马三立已经回到市里参加演出了。但"四清"开始后,老账重提,有些人对马三立一口一个"摘帽右派"。我爸爸当时不理解:"演员演什么节目,不是组织上安排的吗?本人有什么罪?"而且随着"四清"运动的不断深入,工作队还让许多老艺术家都要说清楚,检查自己有没有"四不清"的问题,人人过关。此时我爸爸的心里感觉很压抑,可又说不清是怎么回事。

一年一度的征兵开始了,他和一位志同道合者进行"密谋"，想去部队。这个同学叫孟庆信，是给著名天津时调演员王毓宝吹笙的，同时也和他合作说相声。二人顺利地通过体检、政审等一切手续。领兵的也非常喜欢他们，并问他们："有的青年人当兵是为的不用上山下乡去农村了，你们为什么把工资都舍弃了，去当兵呢？"他们二人回答得很坚决："保卫祖国！我们可以抛弃一切个人利益。"

团领导知道此事了，坚决不让走："这是我们培养了多年的人才，不放！"为了表示毫不动摇的决心，这二位还写了血书。我爸爸用锋利的尖刀，扎破右手中指，写下血红的四个大字"参军决心"，内容是"为了保卫祖国不怕流血牺牲献出生命"，落款是血红的大字——张志宽。

但结果团领导还是不放。无奈之下，他们二人最后决定："跑！咱跟着部队私奔！"碰巧的是，就在此时，我爸所在的青年队要到农村——东郊新立村经受锻炼，孟庆信因为给王毓宝伴奏，留在市里。于是二人约定：由孟庆信负责打听新兵出发时间，写信通知我爸爸，然后一起跑。那时通信很不方便，也没处打电话。孟庆信的信得寄到新立村村委会，然后大家去取。

那天，我爸爸接到了孟庆信来信，告诉他跑的时间、地点、方法。我爸爸便给他写了回信，放在村委会，等邮递员来取。他刚离开，带队的领导来取报纸和邮件，一眼就看见落款"张志宽"寄给"孟庆信"的信。因为他知道这两个人想当兵，就顺手把信带回来了。当时学员中有两个人正接受批判，什么事呢？说起来可乐。拉四胡的马健与练杂技的孙志去村里玩儿，正赶上畜牧站给马配种,他们本来是路过,却有人举报他们俩思想淫乱——偷看俩马配种。这位领导回来后,对写检查的这两人说:"把张志宽喊来!"

我爸爸一进门,她把信往桌上一拍:"信中写的什么?打开念。"坏了,不能出卖同事,我爸急中生智,学着电影里共产党员在敌人面前吞吃情报的情节,把信撕了几下放进嘴里,嚼几下就往肚子里咽。这位领导赶紧吩咐那两个写检查的:"考验你们的时候到了,抢!"抢了半天抢出一点儿碎纸:"领导,嘛字也看不见啦!"

这回我爸是走不了啦!最终孟庆信和另一个同事胡景占都去当兵了。几年后,这二位转业回来都当了领导。我爸爸还吹呢——要不是我那天大义凛然、宁死不屈,哪有你们今天?!而那两个所谓"看配种"的则说:"别吹了,那天我们没真抢,是演戏呢!"最后大伙一块儿翻包袱:"别挨骂了!"

"四清"结束了,"文革"又开始了,老艺术家们都受到了冲击,而且赵佩茹还想自杀。这是怎么回事呢?

# 十六、赵佩茹打算"自杀"

1966 年夏天,"文革"开始了。

首先是打倒"反动艺术权威",老艺术家们普遍受到冲击。此外,对年轻人实行"唯成分论",家庭出身是地主、富农、资本家的,属于"狗崽子",得靠边儿站。万幸的是,我们家出身穷苦,"根红苗正"。当时,最时髦的八个字就是"革命无罪,造反有理"。"革命群众"不能是"观潮派""逍遥派",必须"跟着毛主席闹革命"。于是,数以万计的"造反队"瞬间诞生,马路上到处都是"绿军装、红袖章"的"革命小将"。天津市曲艺团也不例外,成立了好几个"造反队"。团里的工会组织砸烂了,他被选为取代工会组织的"革命职工委员会"主任。

一天下午,他正在排练室里坐着,忽听外边有人喊:"志宽,快去看看赵佩茹!"

"怎么啦?"

"他破坏'抓革命,促生产',我们几个人已经把他批了一通啦!"

我爸爸赶紧往外跑，到了赵佩茹的房间，就听赵佩茹说："我有罪，我有罪……"

赵佩茹是著名相声表演艺术家，曾多年给常宝堃（艺名小蘑菇）捧哏。抗美援朝慰问演出时，常宝堃牺牲在朝鲜战场，他也负了伤。回国后，他开始给马三立捧哏。他曾培养了不少弟子，像李伯祥、常贵田、高英培、马志存等，都是他培养的优秀相声人才。

"文革"开始后，马三立进了"牛棚"。他因为在朝鲜战场负过伤，虽没被关押，但也要实行监督改造，让他为演员们熨服装。他内心压抑，老想着舞台上的事。这次他熨着熨着演出服，一走神儿，竟忘了放在衣服上的电熨斗。等闻到煳味儿，衣服上已出现了焦煳的大洞。他知道，在当时的环境下，什么事都上纲上线，欲加之罪，何患无辞。熨坏了演出服，就等同于破坏"抓革命，促生产"，是对歌颂毛主席、歌颂"无产阶级文化大革命"的演出有仇恨，挨斗挨打，肯定是逃不过去了……想到这儿，他便做了最坏的打算。

我爸爸进来后，对赵佩茹的称谓先用了一个"您"。这在当时，赵佩茹已经受宠若惊了。然后我爸爸又问他到底是怎么回事？等问明白了，就拿他"砸挂"：

"您知道您什么罪吗？"

"我……"

"您是在家不干活儿，叫师娘宠坏了。"

这个"砸挂"使他舒坦。但他还是心有余悸，因为刚才那拨儿人已经说了，要召开全团大会，对他进行批斗。于是他说："那几位小将那儿……"

"甭管！包我身上。"

过了几天，赵佩茹的徒弟高英培找到我爸爸，边鞠躬边说："志宽，你救了我师父！那天他连遗嘱都写好了，只要挨斗，就自杀。"

像这样的事，还不只一件。著名京韵大鼓表演艺术家小岚云在街道被批斗，我爸爸听说后，风风火火赶了去，与对方险些发生冲突，他是怎么处理的呢？

# 十七、智救小岚云

处理完赵佩茹的"案子"不久,京韵大鼓鼓王刘宝全的女弟子钟俊峰(艺名小岚云),又被所在街道的"造反派"揪到马路上批斗。消息传到团里,我爸爸一惊——这又是怎么回事呢?

我爸爸赶紧赶了过去。到那儿一看才明白:原来小岚云的丈夫在新中国成立前是天津大中华橡胶厂的资方代理,现在其所在工厂的"造反派"联系街道及红卫兵来抄家,并且已给小岚云剃了阴阳头。我爸爸知道,小岚云眼看就要挨打,而一旦动手,现场则难以控制,后果不堪设想。因为就在前不久,梅花大鼓名家史文秀(艺名花小宝)被红卫兵批斗,红卫兵逼她唱快板《剃头师傅大老王》,而每当她唱到"拉一个口"时,红卫兵就拿火柴烧她一次头发,甚至还拿烟头往她脸上按……当时就是我爸爸听到信儿后,把她救了出来。

想到这儿,我爸爸琢磨,对方人多势众,救小岚云不能强攻,只能智取。于是他挺身而出说:"小岚云不是资本家,旧社会曲艺演员都是穷苦人,绝不可以批斗,她是我们团的老演员,是革命群众,应该回曲艺团上班。"

这时对方人群及围观群众中有人表示支持,我爸爸一看,没敢怠慢,趁乱将小岚云救回了曲艺团。

到团里后,当我爸爸对小岚云进行安慰时才知道,她的家已经被抄,眼下她连换洗的衣服都没有。没办法,我爸爸又硬着头皮去找街道"造反派":"小岚云家的孩子有什么罪?连过冬的衣服都让你们抄来了?"

经过反复交涉后,他回团找到小岚云说:"走,您跟我去一中。"

到了第一中学才知道,小岚云家的东西都放这儿了。我爸爸连蒙带骗把对方说通了,答应给小岚云几件衣服。

小岚云瞅见自家的东西,又不敢多拿,只给大人、孩子每人拿了一件毛衣毛裤。我爸见状压低声音说:"拿一次,还不多拿几件?"小岚云点点头,又看了那两个街道的"造反派"一眼。

"看这个说快板的面子,拿吧!"那两个"造反派"正盯着小岚云呢。

我爸爸赶紧向那两个"造反派"走过去,边走边掏出一盒香烟递过去。这当儿,小岚云又拿了几件毛衣毛裤。一个"造反派"看见了,说:"你拿多少?告诉你,别得寸进尺。要不一件也不给你!"

小岚云忙应着:"是!是!"抱着衣服出去了。

离开一中,小岚云哭着说:"志宽,谢谢你了。"

我爸说:"您别难过,千万别想不开。"然后一直把她送回家,才放心回团。

在当时,使我爸爸最感欣慰的,是还有人惦记着李润杰,惦记着学快板书。谁呢?说来还真有意思,这个人当时在上学,而后来担任了中国曲协的领导,现在是中华曲艺学会的名誉会长常祥霖。

# 十八、"目瞪口呆"后的相交

常祥霖伯伯回忆"文革"期间的经历时,曾有如下叙述:

我和张志宽相识是在"文革"中的 1966 年冬天。那时,我与北京第三师范的红卫兵宣传队到天津进行所谓的"大串联"。而实际"另有图谋"。因为我从小崇拜李润杰,又苦于没有机会接近,怎么办呢?我们高举着红旗走进了天津市曲艺团的大门,似乎还有些"理直气壮"地邀请正在被"造反派"审查的李润杰给我们进行了一次"在《讲话》光辉精神指导下,深入生活,为工农兵创作"的讲座。当时的李先生,不卑不亢,语调平和地讲述了苦难的童年、做劳工、沿街乞讨以及第一次见到毛主席、用通篇韵文写信的往事。表达了他翻身做主的荣耀,介绍了他深入福建前线、云南哀牢山、东北大庆等地创作《金门宴》《智取大西礁》《红太阳照进苦聪家》《千锤百炼》等节目的具体过程。李先生为了现身说法，招呼张志宽一起演唱了《立井架》。这是我第一次见到张志宽，而就是这一次，使我对志宽刮目相看，并相知相交至今。也可以说那一次给我心灵的震撼，是终生难忘的。一老一少，节奏相合，语气相融，激情四溢，神完气足。即使在现场，也难以分清哪一句是李润杰嘴里唱的，哪一句是张志宽嘴里出来的。师徒二人把这个曲目演唱得酣畅淋漓，完美之极。看得我目瞪口呆。感觉那是神圣的经典。这一堂课，这一次演出，足以让我永远珍藏，刻骨铭心。在那个"人妖颠倒是非淆"的日子，我的行动是有一点"冒天下之大不韪"的，然而正是由于这次唐突的举动，才让我有机会近距离地感知了李润杰艺术境界的伟大与艺术品质的精妙。同时也感知了张志宽的不俗和在李润杰快板书艺术体系中举足轻重的地位和影响。

也许年纪相近，也许志趣相合，在天津的那几天，我基本上是和张志宽泡在一起。什么"串联""造反""革命"好像都转移集中到对"快板书"的陶醉之中。看着身量不高，身穿蓝卡上衣、头戴蓝呢子帽、皮肤白皙、说话高腔大嗓、有着明亮有神的大眼睛的英俊少年，尤其看到他打起板儿来上下翻飞，表演起来神采飞扬的样子，实在是喜爱不尽、赞美不止，美慕有加。他曾经一口气儿给我演唱过《劫刑车》《熔炉炼金刚》

《巧劫狱》等好几个段子之后，还意犹未尽。那神态，那气口，那节奏，那语气……至今活跃在我的眼前。当时的张志宽学艺不过五年多，技艺已经相当纯熟，很是引人入胜。

1967 年夏天，李润杰先生受到冲击，张志宽陪同师父到北京上访，那时候，曲艺界的人自顾不暇，不敢接待他们。于是他们找到了我和我的第三师范宣传队，从经历患难中我又看到了张志宽对师父的情感。

常祥霖伯伯说到了"文革"中我爸爸对师父的感情。他是怎么关心师父的呢？

# 十九、让师父当业余演员

李润杰师爷是快板书艺术的创始人,可是在"文革"中,也未幸免于难。他是副团长,属于"走资本主义道路的当权派",简称"走资派"。但是他有骨气,每次批斗他时,他都坚持不跪。幸好人人皆知他苦大仇深,才免了更甚的"灭顶之灾"。

那时候,演员可以不上班。但我爸爸每天一定要到团里或师父的家中去,看望师父,安慰师父,他放心不下。因为文学艺术界的有些"权威",不甘受辱,选择了自杀。像天津演猴戏的"小盛春"、北京的老舍等,都走上了绝路。他也怕师父想不开,所以每天能见师父一面他心里才踏实。慢慢地,师父的所谓"问题"越来越清楚了,压力也不算大了,他夜里才睡了安稳觉。

但是快板书不让李润杰师爷唱了,《鲁达除霸》《武松打店》等传统节目,在"文革"中被认为是宣扬封建思想的作品。《劫刑车》这种优秀的段子也不能唱,因为《红岩》是"大毒草",

改编于《红岩》的《劫刑车》也就是"毒草"。至于"文革"前表演的其他段子，均被认为不够"突出政治"，一律不许演出。"文革"中的所谓"文艺繁荣"，就是人人都要唱红歌，跳"忠字舞"。说起来可笑，连李润杰师爷都不得不"随波逐流"，去蹦"忠字舞"。李润杰师爷当时48岁，正是做演员的黄金年龄。作为一名艺术家，不能在舞台上表演，只能在台下瞎"蹦"，这让他比什么都难受。

不久，全国进入了"造反派""夺权"阶段，当时文艺团体也乱了。李润杰师爷不能演出了，我爸爸也不能登台了，但他仍然割舍不下对快板书艺术的喜爱，怎么办呢？他有辙！他到公共汽车上为乘客们义务演出。公共汽车从起始站开到终点站，他就一路上给乘客们演唱，然后再由终点站唱到起始站。唱什么呢？唱《毛主席穿上绿军装》等紧跟形势的快板书。但即使就是这样的"演出"，他也没忘了师父。

一天，他到师父家中说："我知道，您要是有几天不唱，就憋得要死。咱爷俩一样。我就是在公共汽车上'练活'，但您这岁数在公共汽车上可吃不消。我问了一下'天华景'的同志，卫生系统有个宣传队在那儿演出，我跟他们说了，咱爷俩参加他们这个演出队，咱当一回业余演员，您看行吗？"

"好！咱干业余！现在也没人管，咱可以给医院的病号唱，给基层的医护人员唱。这样既有事干，又不会荒废业务。"因为又能重拾"七块板"了，李润杰师爷兴奋极了。

接着爷儿俩便商量准备什么节目，李润杰师爷提议："咱们改编《立井架》。毛主席提倡'工业学大庆',咱歌颂石油工人应该没有政治问题。"我爸表示赞同。于是,润杰师爷连夜就把词儿改好了。爷俩儿排练了两次,就去卫生系统"毛泽东思想宣传队"参加演出了。

演出产生了轰动效果。

张志宽与师父李润杰表演《立井架》

演员最愉快的事,就是能在舞台上演出,而且演出能让观众认可。面对观众的掌声,师爷的精神好多了,他曾对旁人说:"知我者莫如志宽。在我处于极度压抑之时,是他给了我愉悦和激励。"然后他又对我爸爸说:"除了当业余演员之外,咱还要干一件大事,你帮我整理演唱和创作经验吧。过去咱没时间,现在是天助咱也。我的快板书为什么和别人的不一样?都有哪些唱法和技巧?我的创作诀窍在哪儿?有什么规律?我都要编成好学易记的口诀,将来用得上就留给社会,不行就留给你。你把它传下去,早晚有用。"

我爸爸也特别兴奋："太好了！咱从哪儿开始？"

"我的唱法口诀，第一句是'唱打多变，串成一线'。我这个'多变'，有多少个'变'呢？你帮我统计一下。"

"好！"我爸爸回家后，一宿未睡。第二天一早来到师父家，进门就说："师父！我统计出来了。"他掏出一个小本儿，只见上面写着：

《火焰山》

这个地方这么热(四拍)

心里好似滚油汤(四拍)

我的口又干来舌又燥(五拍)

……

我爸爸接着说："一段《火焰山》中有 67 句 7 字单尾句，49 种节奏变化。咱的'多变'除了节奏还有音调变化……"

"好！咱接着来……"

就在这一阶段，我爸爸的收获太大了，不仅在演唱上，而且在理论上，也获得了别人不能获得的宝贵财富。

# 二十、得"真经"

李润杰师爷的"真经",博大精深,唯我爸爸得真传。由于篇幅的原因,我不可能在这本书中做详尽介绍。但是平常总有人问我:"同样的唱词,为什么你爸爸就唱得这么好听、动听,扣人心弦呢?"下面我仅就"唱"这个方面,简单地介绍几句师爷传授给我爸爸的"真经"。当然,这也是"李派"快板书最精华的"诀窍"。

如"唱打多变"的"变",润杰师爷仅在演唱的句式上就归纳了以下10种。

1. 摆字句——摆字句的唱法就是把唱句中的某些词儿加重语气,放慢节奏,摆开来唱。例如在《巧劫狱》这段节目里有这样的字句:"钻冰取火压沙求油根本就不可能。"这一句中要加重语气的是"根本就不可能"这几个字,然后再按原节奏唱下去。这样处理必然加重了"不可能"三个字的语气效果。

2. 嵌字句——就是在句子的前后或中间加虚字,如这个、那个、哼、啊呀、哪、啦,等等。别小瞧这几个虚字,它的作用可不小,它能使唱句更加口语化,听起来亲切流畅,还能加重语气、增添色彩以及变化演唱节奏。例如在《二万五千里长征》这段节目中,原词头两句是"火山爆发天地动,中国人民大革命",演唱时,就要在这两句中加三个虚字,变成了:"这火山爆发天地动,咱们中国人民大革命。"由于加了"这"字就可以后半拍起唱,听着好听、俏皮;第二句加了"咱们"两字就显得口语化了。又如在"黄河长江滚滚流,劳动人民要抬头"这句原词中,加了"我们"两字,变成"我们劳动人民要抬头",这样不但口语化,而且听起来也比较亲切。又如在《鲁达除霸》中,在"硬的不怕,软的不欺",这句话中加了"他可""他还"四个字,变成了"他可硬的不怕,软的他还不欺",听起来干脆利索。

　　3. 说韵句——指在唱句中间加"白口",但这种道白是有辙韵的,就跟唱句差不多。句子可略长,上句可不押韵,但下句无论多长都得押在韵上。听起来是说白,但有节奏、有韵味,提高了说白的艺术性。这种"说韵句"是从评书口变化而来的,如果用得恰当,比唱句还有感染力。如在《熔炉炼金刚》中有这样一段"说韵句":"进来这个人姓张名叫张金刚,这个人是一个久闯江湖的土匪头子,此人生来胆大性如烈火又生又硬又傲又狂。无论跟谁说话,答上腔一句话不顺心,就瞪眼举拳抡巴掌。两句话不对劲,就要亮刀动枪。三句话不投簧就是刀下见生死,枪下决存亡。敌人认为这个人是个蒸不熟煮不烂,打不软劝不降,不顺南不顺北,不吃顺不吃呛,他是化不了的顽石,炼不了的金刚。"在表演这种"说韵句"的时候,最重要的是语气、感情与动作配合要得当。

4. 唱韵句——"唱韵"就是在适当的地方加上一段唱腔或是曲牌子。"唱韵句"在快板书里是不经常用的,如果用它可要注意效果,不可喧宾夺主。例如在《钢铁姑娘》里,"三九北风狂"一段就用了一个曲牌,效果很好。在《立井架》里加了一段劳动号子,增加了火热的劳动气氛。在《响箭擒敌》中加了一段打靶歌,对主要人物小卫国学习解放军的决心作了很好的烘托。

5. 拉韵句——就是把一句话中的某一个重要的字加重语气拉长声唱出来,用加重语气来表现感情。这也是从评书里转化过来的一种技巧。例如:"这个军队具有一往无前的精神,他要压倒一切敌人。"其中的"压"字就拉出了两板唱出来。又如在《武松打店》中:"掌柜的!快来吧,二奶奶叫人给拾掇了!"都是把句子中某些字拉长了。唱"拉韵句"时,节子板要打连环点,板点声接连不断,很能增加气氛。

6. 垛韵句——把一句话一板一板垛开来唱,以突出重点字句,实际就和乐谱里的强顿音差不多。例如《二万五千里长征》里有"岷山高峰腊子口,誓死也要拿到手"这句词,就要把"岷山高峰腊子口"这几个字,一板一板地垛开来唱,音调要高亢有力,目的是把红军强攻腊子口的决心表现出来。又如在《巧劫狱》里,"我就是那个智多星","智多星"三个字一板一板地以强顿音唱出来,听起来相当有力。

7. 连赶句——"赶板垛字"中的"赶板"唱法,字头咬字尾,每一句都紧紧地串联起来唱,句与句之间不留一点空隙。这也叫"贯口句",适合于一般节目进入高潮时使用。在演唱时,声调要越唱越强,速度要越唱越快,而且节子板要配以强烈的单连点,握节子的手甩起来打,声音可达到最强的程度。这样手和口配合得当,便可掀起全段的高潮,达到理想的演出效果。

8. 切口句——这种"切口句"的演唱方法,是根据句子的字数和句子所表现的内容,适当地把一句词切开来唱。这种"切口句"有两种唱法:一是双句的切口句,是上句接连下句的几个字一起唱,例如:"华蓥山巍峨耸立万丈多,嘉陵江水,滚滚东流像开锅。"就要在上句接连下句的"嘉陵江水"四个字唱完以后再换气,使观众听起来自然流畅,句意也突出。二是单句切口句,它是在上句或是下句里的切口,例如"英雄成长在英雄的连队",句子开头起唱在后半拍。

9. 单连句——不管一句话里多少字都要连接唱下来,后加一个节子板小过门(滴滴答)。如《千锤百炼》中:"刚入伍的战士叫新兵(滴滴答),入伍一年就是老兵(滴滴答)。"

10. 双连句——上下两句连在一起,唱完后加一个小过门(滴滴答)。例如《千锤百炼》中的"这老兵就把那个新兵带,你说带出来的新兵,又成了老兵(滴滴答)"。

除以上 10 种外,还有几种组合句,如"四字连句""五字垛句""同韵句""重叠句"等,润杰师爷也都详尽地总结归纳了范例。

此外,在快板书"情"的表现上,润杰师爷也总结出:"以情为中心""情与眼合""情与声合""情与句合""情与脸合""情与身合""情与步合""情与手合""情与板合"等。其口诀是:

情与眼合显七情,

情与声合语气浓,

情与句合出妙语,

情与脸合美丑清,

请与身合形象立,

情与步合见行动,

情与手合景物现,

情与板合节奏明。

除上述对快板书唱词的表现外,在快板书的舞台表演方面,李润杰师爷更是归纳了七要素:

1. 内在情感主要关键;

2. 外在表现看眼看脸;

3. 进出角色分清明显;

4. 人动景变方位不乱;

5. 演谁像谁又不是谁;

6. 台上台下打成一片;

7. 平爆脆美动人心弦。

再有,衡量"李派"快板书作品成功的标准是四个"有",即

"有人儿""有事儿""有劲儿""有趣儿"。

最后,在衡量"李派"快板书演唱艺术水平上,李润杰师爷也总结出四个字——平、爆、脆、美。即:

平如无风湖面,
爆如炸雷闪电,
脆如珠落玉盘,
美如酒醉心田。

这四句话,囊括了"李派"快板书演唱的全部技巧和嘴上的全部功夫。

在得到李润杰师爷"真经"的同时,我爸爸还有一件大喜事,那就是我爸爸结婚了。

# 二十一、总有新鲜感

我爸爸和李润杰师爷在卫生系统业余宣传队时，认识了同在队里演出的我母亲曹淑珍。因为他们在同一个剧场演出，我爸爸一出场，一打板，一开口，他精湛的表演便让我母亲曹淑珍看得目瞪口呆。同时更让她折服的是，我爸爸对师父的尊敬，对母亲的孝顺，对同事的热情、正直、坦诚。

不久，他们便恋爱了。

当时我奶奶患癌症到了晚期，我爸爸每天下了场就去医院照顾老人，而我母亲也常去医院帮忙。一次，奶奶跟润杰师爷说："这俩孩子不错，志宽打小没有爹，我就把志宽托付给你了，他俩的婚事，只要你同意，我就同意了！"

结婚那会儿，我母亲给父亲的第一个新鲜感，就是让姥姥送给他一双高级皮鞋。当年爸爸22岁，工作了7年，第一次穿上皮鞋。

结婚后，尽管生活拮据，但妈妈心灵手巧、精打细算，把日子过得有声有色、有滋有味。她总能给爸爸带来新鲜感,如家中白色的墙壁看腻了,妈妈就自己动手把它刷成黄色的,新鲜;时间久了又看腻了,再刷成淡青色的……

那时我们家仅有一张又破又旧的八仙桌和一个小地柜,再有就是母亲娘家陪送的两个樟木箱子,这是我们的全部家具。这些家具看腻了,妈妈就拿火碱把它们本来的颜色烧下去,用油漆刷成新的颜色,结果就跟全堂新家具一样,还是新鲜;隔个一年半载,她又给这几件家具再换个颜色……

对于穿衣也是如此,妈妈常把旧衣服不断地翻新。她经常把他们夫妻俩穿破的旧衣服,给幼小的我剪裁改制,我穿上后看着就跟新衣服一样,仍是新鲜……

妈妈所做的这一切,都是源于对生活的热爱,对爸爸和我的挚爱。她认为,新鲜就是温馨,新鲜就是享受,新鲜就是乐趣,新鲜就是对爸爸和我的爱。

改革开放后,曲艺团搞了承包。演员们经常到天津的周边地区演出,常常一走就是一个月,有时大年初一就去演出了。尽管从那时开始,我们家经济条件逐渐改善,但演员们的生活依然是风餐露宿,与家人聚少离多。所以妈妈就更要让爸爸每次回家都感觉到新鲜中的温馨。

我们家最早住在天津小白楼附近一间 10 平方米的天井房里,在之后的 30 年内,我们历经了九次搬家,直到 2006 年移居北京,方才稳定。想想,这也是妈妈追求新鲜的表现,而这表现本身也是足够新鲜的。

　　而我爸爸也不断给我妈妈创造着新鲜：不断有业务上的新突破、新高度、新起点、新成就。

　　那么我爸爸又给了我哪些新鲜呢？说了可能您不信，下篇我讲到的新鲜就是——严父的"苛刻"。

# 二十二、严父的"苛刻"

我虽是独生子，但从小就没有享受过"骄生惯养"，更甭说"小皇帝"的感觉了。

从小学到初中，在天津市、区各种文艺会演中，我得过多次大奖，电视台和电台少儿部都抢着要我，我还演过三部影视剧，但我爸爸从没当面表扬过我。不但不表扬，每次对我苛刻的批评，都会让我以泪洗面。

初中毕业后，我考上了天津市曲艺团，与刘亚津、王宏、郑健、戴志诚一起学艺。他们都会抽烟，经常劝我也来一根，并承诺给我保密，但我不敢。我知道如果一旦开戒，我搪不了我爸爸，从小他就不许我抽烟。

我爸爸在同龄人中辈分大，但他从不让我充大辈，就连他的学生刘亚津、戴志诚及后勤人员等，都让我喊他们老师。

那年北京电影学院招生，我想报考，我爸爸当时不太愿意。他认为，我从小学的是说唱，在这方面有基础，同时又有他这个"严师",将来在曲艺表演方面肯定有发展。但他见我决心挺大,便不再坚持,很快就默认了。爸爸能够让我选择走出去,找我所想要的东西,让我自己去成长,自己去成功,这也是我爸爸在我成长过程中做出的最牛的决定。

专业课考试我顺利过关,但文化课考试却把我难住了。因为北京电影学院是大学,它的文化课考试要参加高考。虽然我当时是曲艺团团带学员,属于中专毕业,然而毕竟没有经过高中三年文化课的系统学习。于是我暗下决心,就是不吃不睡,也要在 50 天内拿下高中文化课的要点。我爸爸见我决心如此之大,他也信心大增,于是在第一时间便为我联系了天津重点中学海河中学的相关教师,对我进行一对一的辅导。经过 50 天的艰苦奋战,我终于如愿以偿地考过了文化课这一关。当我将考试结果告诉我爸爸时,我爸爸看到我为备考而累瘦的身板,感动得热泪盈眶……

虽然最终考上了电影学院,但我爸爸还不让我放下快板、相声。那时放寒暑假,只要是没接戏,我就得跟他练相声、快板。大三时,我和电影学院同学钱雁秋还搭伙回天津说过一段时间相声。我爸爸就让雁秋住在我们家,他教了我们十几段相声,我们前前后后共演了一百多场,效果非常好。可在排练时,爸爸竟当着雁秋的面批评我,这真让我下不来台。每当这时,我就想起他当初有齿音字、白全福师爷为训徒而当众拿他"砸挂"的故事。每次想到这儿,我也就忍了。可他竟然变本加厉,完全不顾及我的面子。有一次,他给我排练,看我脸上表情总达不到他的要求，竟骂我："看看你那张猪脸！"

唉！让我真没脾气……

我演《白眉大侠》和《甘十九妹》时，为了武打表演更真实，便让我爸爸为我找武术和击剑教练。为此，我爸爸亲自找到天津体工大队武术教练教我武术，还请天津市杂技团的著名舞剑艺术家陆素卿教我剑术。并悄悄嘱咐他们二人：一定要严要求，千万不能因为他是我儿子就有所照顾。

通过以上诸多事例，诸位可以知道，我爸爸当年对我是多么"苛刻"了。但逐渐地，我理解了这里面其实是包含了爸爸对我浓浓的爱意。因为正是爸爸的这种"苛刻"，才让我有了今天的成绩。

为艺术而献身，是我爸爸对我最深的影响。我在西藏拍《孔繁森》时，严重缺氧，但我坚持骑马不找替身。有一次我从马上摔下来，脑袋险些撞在大石头上，将腰也硌伤了，当时把导演和演员们都吓坏了。然而即便如此，我也未含糊过，仍然坚持拍戏。

在做人方面，我也是一直跟我爸学习，为人要真诚。无论是上大学时，还是现在拍戏、参加活动，只要是朋友、同学凑在一起吃饭，"埋单"时谁都抢不过我，这就是我爸爸的"风格"，我深受其影响。我的同学张嘉译常说："不向钱看，不为名奔，很多人搞不懂子健为什么还在这个圈子里混？"

其实，我爸也不是全不在乎钱，他对外人很大方，对自己却很苛刻。

张志宽与张子健——父子情深

记得 20 世纪 90 年代，我看他整天提着个破书包挺寒酸，就到商店给他买了一个皮包。送给他时，他问："哪买的？"

"吉利大厦。"

"多少钱？"

"六百。"

他一听就急了，把皮包往我身上一扔："退了去！"

我说："您别急，您那个包太栽面儿了，我孝顺您还不应该吗？"

"谁说栽面儿？我看挺好！你必须给我退了去。"

我妈看他真生气了，连忙顺着他说："你爸说得对，下次注意。"然后又劝我爸："不好退了，别生气啦！"这才了结此事。从此，我就再也不敢高消费了。

虽然我爸爸对我和他自己如此"苛刻"，但他在处理前辈、同辈及晚辈的关系上，我特别欣赏原天津市文联党组书记孙福海伯伯对他的评价：办事讲板讲眼。

# 二十三、当官要"讲板"

原天津市文联党组书记孙福海伯伯曾说：

人们评论最多的，除了赞扬他系统、全面、完整地继承了李润杰的快板书艺术之外，还普遍夸他做人办事讲板讲眼。

讲板，是在够板的基础上又上升了一个层次，具有言传身教之意。他认为自己够板还不够，要讲板。新时代的天津人，讲板也要赋予时代精神，要紧随时代的板眼。所以，讲板不能只停留在知恩图报、孝敬长者的层次上，要有使命感和责任意识。板眼要跟上时代的节奏，要为"曲艺之乡"的美誉增光添色，做出贡献。

他在担任天津市曲协副主席、秘书长期间，首先在守土有责的作为上讲板，制定了《为老艺术家服务公约》，谁有困难他就帮谁。有的老艺术家住院了，他一定要看望并过问治疗的需要，有的医药费支出遇到难处，他及时把钱送去。有的艺术家子女就业、孙子入托、孩子上学，甚至两口子打架、为自己百年之后购买墓地等家庭琐事，只要找到他，他没有不帮忙的，而且绝不走板。

讲板，为了把天津众多曲艺家的传略留给后人，他筹集经费，组织得力人员编辑出版了《天津当代曲艺人物志》，天津曲艺界数百人的生平、荣誉称号、师承、代表曲目、艺术特点，全都珍贵地留了下来。继而，他又筹措经费，出版了《天津50年曲艺创作选》和《天津鼓坛名家传统唱段选》。这都是天津曲艺史上弥足珍贵的资料，可是他还坚持不在书上署名。

讲板，他自筹经费搞了5次具有现实影响和深远意义的全国快板大赛，出书、出光盘，奖掖人才，对繁荣、振兴全国的快板艺术起到了积极的推动作用。当时，有人看见他为大赛受累、着急、掉了好几斤肉时，曾心疼地劝他说："你要是用这些自筹来的经费打造自己，会给你今后带来多少效益啊？"他回答的还是那句既朴实且又掷地有声的话："快板界推选我为中国曲艺家协会快板艺术委员会会长，我不能徒有虚名，为人做事要讲板。"

退休了，有时间啦！凡喜欢快板艺术的，不管年龄大小、基础如何，他都亲自示范、讲课、悉心传艺。现在，他正式的弟子有七十余名，对待这些入门的徒弟，他绝不允许他们只为叩门而徒有虚名。像已在中国享有"大蔓儿"声誉的加拿大人大山、在美国旧金山华人电台的播音主持江南、北京市曲艺团的王文长、在北方曲校大专班任教的张楠等，他对他们要求得甚是严苛。

他除了教学之外，津京一带的义演，社会公益活动，几乎都留下了他的身影。他参加中国文联、中国曲协的"送欢笑，下基层"活动，每次受到嘉奖和表彰的都少不了他。

上述这些话，是孙伯伯在担任天津市文联党组书记时，发表在《天津日报》上的文章。

在"讲板"和"够板"的事情上，许多老艺术家对我爸爸都有评价。比如，天津时调创始人王毓宝奶奶曾动情地说过一句话，说的什么呢？

## 二十四、"给了我一条命"

20世纪90年代初,我爸爸突然接到王毓宝之子刘小凯的电话:"我妈现在在医院急救室抢救,您赶快过来!"

"唉哟!什么病?"

"不知道!现在大夫也没说出什么,可能是心脏病。"

"我马上到!"

这可真是应了那句"有事找志宽"。

其实,王毓宝老太太的人事关系在天津市艺术表演咨询委员会。当初李瑞环同志主持天津工作时,将天津市各个艺术院团老文艺六级以上的高知文艺工作者,采取不退休一律归新成立的机构——艺术表演咨询委员会,让他们总结经验、教学并进行示范演出。因此,从人事关系上说,王毓宝老太太是天津市艺术表演咨询委员会的人,而我爸爸则是天津市曲艺团的副团长,与艺术表演咨询委员会没有任何关系。

但此刻我爸爸丝毫未多想,风风火火赶到医院。到了急救室一看,老太太已处于昏迷状态,虽然输着液,插着氧气管,但从仪器上看,血压、心跳等指数均微乎其微。我爸爸马上急了,找到值班大夫问怎么回事。

这个值班大夫是个外地来该院实习的,他操着外地口音说:"先观察。"

"人都这样了还观察?你知道她是谁吗?这是我们国家的国宝,著名的天津时调表演艺术家!"

可这位实习医生不知道天津时调是何种宝贝,更不知道王毓宝和我爸爸是何许人也。

我爸爸就跟疯了一样,往医院值班室打电话,要求跟院长通话。当院长知道情况后,说:"对不起,专家组马上就到,立即会诊。"

张志宽与天津时调表演艺术家王毓宝

时间不长,院里的专家、权威全赶到病房。随后立即调整了抢救方案,撤掉原来输的液,改换新药。很快,王毓宝奶奶的血压、心跳恢复了正常。随即,人也苏醒了。

就这样,王毓宝奶奶终于闯过了这次生死关。

然而,让人想不到的是,两年后的一天夜里,我爸爸又接到了刘小凯的电话:"我妈在胸科医院了,您快来!"

这回我爸赶到医院后,一问才知道,需要马上做心脏支架,而且得先交费。可这大半夜的,往哪儿去取钱呀?那时还不像现在人人都有银行卡,马路上到处都是自助银行。

怎么办呢?我爸爸还是去找院领导。下面是王毓宝奶奶后来的回忆。

我因为心肌梗死住进了胸科医院,大夫让我马上放支架,否则就有生命危险,但是必须先交费,近5万元。当时,我们一时凑不上这么多的钱。我儿子刘小凯马上给志宽打电话,他马上赶到医院,以曲艺团副团长的身份为我向医院担保。在这种情况下我才被推进手术室,放了支架。已经过去十几年了,我再也没犯心脏病。可以说是他救了我一命,我很感激他。我曾说过:"老百姓有困难找民警,我们老演员有困难找张志宽。"因为他非常尊敬老演员,也为多位老演员热心办事。我获得了"金唱片奖",同时收徒弟,就是他为我搞的活动。

　　王毓宝奶奶现在已经 90 高龄了，令人欣慰的是，在其 90
大寿那天，天津文联推出了一部三十多万字的新书《天津有
个王毓宝》。孙福海伯伯和我爸爸都说：她的长寿就是我们的
财富。

　　大家都知道，"王派"快板书表演艺术家王凤山，晚年曾给
马三立大师捧哏。但不知道的是，当他故去多年后，其老伴在
临终前给我爸爸写了一封感人至深的信。

# 二十五、王凤山老伴的一封信

"王派"快板书创始人王凤山，晚年给马三立捧哏，他在1992年去世后，其老伴王奶奶找到我爸说："凤山生前曾交代，让我把他用了几十年的板儿送给你。他喜欢你，希望你把快板事业好好传承下去，这副板你留做纪念吧！"

太感人了！凤山爷爷一生弟子无数，又有孩子，他能够做出这样的决定，既是对我爸爸的信任又是鞭策。我爸爸深知，这副板，是文物，也是希望，还是责任，更是重托。他每次看到这副板，都感觉到一种激励，感觉到身上的担子无比沉重——因为这是老一辈艺术家的重托和希望！

王奶奶没有工作，我爸爸便像孝敬自己师娘一样孝敬她。但给她钱她不要，怎么办呢？我爸爸有主意——老太太有做板的手艺，他就用高价买老太太的板。有多少要多少，然后再送给弟子或唱快板的同仁。

我爸爸认为自己的快板书艺术也学习了许多"王派"的精

华。譬如，当年王凤山曾说："什么是快板、相声的基本功？不是简单地背绕口令、背贯口、练嘴皮子，相声的基本功就得跟我三叔（马三立）一样，台下随时能'砸挂'，台上随便抓'现挂'。快板就得跟我一样，拿过一篇报纸来，随便什么文章，我都能唱上板来。"也确实如此，那时王凤山爷爷可以用快板唱毛主席著作《愚公移山》《为人民服务》和《纪念白求恩》这"老三篇"。他这种板上的功夫，也教过我爸。当时我爸从头至尾跟老爷子学了一段歌颂雷锋的节目——《革命青春》。教者耐心，学者认真，他们都没有门户及流派的偏见。

粉碎"四人帮"之后，王凤山爷爷认为我爸演唱的《孙悟空三打白骨精》是一部有代表性并能传世的作品，但怎么鼓励我爸爸呢？有一天，演员们照剧照，王凤山爷爷穿着大褂主动找

张志宽（左）与王凤山（右）老师剧照

到我爸爸说："咱爷儿俩照一张《孙悟空三打白骨精》，你演孙悟空，我演白骨精。"于是便留下了这张我爸爸挺拔屹立、凤山爷爷半蹲"使相"的经典照片。其实，在这张照片的背后，饱含着老先生内心的多少潜台词啊！不但如此，王凤山爷爷还曾先后两次将自己精心做的竹板送给我爸爸，由此

可见其对我爸爸的殷殷期望。

在王凤山爷爷故去后,王奶奶每次回山东老家,我爸都亲自操持并为她送行。20 世纪 90 年代末,王奶奶又一次回山东老家,这一去却再也没回来,因为她病得很重。临终前,她写了一封信,让其弟弟寄给我爸。信中说:"感谢你多年对我的照顾和孝顺,我去找老伴凤山啦!可能你在接到这封信时,我已经在九泉之下了,但在九泉之下我也要对你说一声谢谢……"

接到这封信后,我爸号啕大哭:"我又走了一个老娘……"

白全福爷爷是我爸相声门中的师父,下面是白全福爷爷之女白金环姑姑的一段回忆。

# 二十六、白全福之女的感恩

著名相声表演艺术家白全福爷爷之女白金环姑姑近年曾写有如下文字：

1993 年，父亲因心脏病不幸去世。父亲一直是家里的顶梁柱，他的突然离开，对于我们小辈来说，那样的打击根本无法用言语来形容。霎时间，家里的天似乎像塌了一样，乱作一团，全家人感到了无助。虽然父亲去世了，但志宽师哥却像亲哥哥一样的关心着我们。

自父亲去世后，志宽师哥每年春节都到家里看我的母亲。虽然父亲去世时，当时我们的记忆都是黑白颜色和哭泣声，但迄今为止，师哥的一句"师父，您放心地走吧，我会替您照顾好师娘及全家的"，却依然使我记忆犹新。师哥是个说话算话的人，每逢春节，他都要到家里来看望我母亲;每年春节,师哥大年初三之前必到;每次来家里,都要给我母亲手里塞一些钱。家里无论大事小情,只要一个电话,师哥就会立刻赶来,没有怨言。

父亲去世后的第 10 个年头,也就是 2003 年,母亲也离开了我们。老话说,入土为安,于是我们哥仨就商量着,为父母买墓地。选墓地可是一门学问,到底买哪里的地,我们哥仨犯了愁。志宽师哥得知我们要为父亲买墓地的消息后,便主动与我们商量。他说:"别愁,妹妹,哥哥帮你们参谋,师父一定要买最好的墓地。"于是他就帮助我们联系购买墓地事宜,最终用很少的钱在永安公墓为父母选了一块最好的墓地。

为了完成父亲生前的遗愿,由志宽师哥倡导并牵头,在永安集团出资、支持下,召集国内多位相声名家为父亲举办了"纪念白全福诞辰 86 周年纪念演出"专场,并制作了 5000 套价值近 25 万元的纪念邮册,圆了父亲生前的愿望。

在此,我们兄妹及全家人代表在天堂的父母,向志宽师哥表示衷心的感激。

其实,善待前辈艺术家,在顺境中并不难,难就难在对方在逆境中,你能否帮助他们。对此,我爸爸又是怎么做的呢?

# 二十七、为马三立换房

　　我爸爸尊重老艺术家，为他们办了不少好事、实事。即便是在"文革"中，他对老艺术家仍然是见困难就帮。

　　"文革"期间，政府出台了一个政策，叫"万名干部下放"。天津市曲艺团一批演员被下放到工厂，一批演员被下放到农村。像花五宝老师、苏文茂老师等人全被下放到农村，马三立老人一家也是"在劫难逃"。1970 年 5 月 29 日，已年满 56 岁的他和老伴、长子马志明、幼子马志良被下放到天津南郊北闸口村务农。当时马志明腰有伤疾，年仅 16 岁的马志良务农出工，挖河挣工分，成了全家唯一的壮劳力。苦和累似乎还可忍受，最痛心的是歧视、白眼和无端的训斥。但是我爸对马老绝没有另眼看待。

　　下放后不久，我爸爸去南郊北闸口看望马老。到了马老家后，我爸问："您怎么样啊？"

　　这本是一句客套话，可马老回答的特别讲究。因为不能说好，眼睁睁的就不好，住的屋子都漏雨；说不好，别有用心的人会说你攻击万名干部下放政策。马老的能耐太大了，用了一个"砸挂"来回答这个问题。他说："怎么样？告诉你，有一天傍晚，我们全家都已入睡，村里民兵'当！当！'敲窗户，然后说：'都在家了吗？'我答：'在家啦！什么事？'门外勒令：'今晚一律不许出屋。'我纳闷儿，为什么不让出屋呢？第二天一打听，噢！原来是柬埔寨国家元首西哈努克从附近的公路上坐车路过，怕我放定时炸弹！你说我炸他干嘛？再有，我往哪儿弄定时炸弹去。有，我也不会使呀，弄不好，还不得把自个儿炸了。"

这个"砸挂"把大家全逗乐了，但乐得苦涩。我爸爸知道其中的潜台词，更知道老人家内心的痛苦，他二话没说，就去找村委会。

到了村委会见了村支书，我爸爸说："马老下放到你们这儿，不是反革命，也不是牛鬼蛇神。他是响应党的号召下放到农村的干部，是戴着大红花，由我们敲锣打鼓送来的。歧视他是错误的。"

张志宽与相声泰斗马三立

"怎么歧视了？"这位村支书也不含糊。

"怎么歧视？你们给他分配的是什么住房？下雨就漏，那能住吗？这是对党的万名干部下放政策的歧视！"

这个"帽子"可不小，因为那个时期，人们都怕扣"帽子"。经过交涉，村里答应给马老调换住房。

据说我爸走后，村委会立即开会，商量给马老换房之事。但当时村里没有闲房，最终村委会决定：将村委会的房腾出来给马老住。

马老搬家了。这不仅仅是个住房问题，是对人的起码尊重，是为马老改变政治处境的据理力争。在那是非颠倒的年代，我爸的一次探访，给马老带去了些许欣慰。

对待前辈艺术家我爸是有口皆碑的，可是对待自己的师兄弟们，他又是怎么处理关系的呢？

# 二十八、师兄情

我爸爸的同门师弟高明远伯伯近年曾写文章说：

在我从事快板书艺术的道路上，从走入师门拜师学艺，到干上这门专业到取得一点小成就，所走的每一步都是与师哥张志宽分不开的。难忘师哥为我在天津登瀛楼操办拜师仪式的情景，难忘我每次到天津师哥对我在艺术上的教诲，更难忘师哥教我如何做人做艺。记得那是唐山地震后的第二年，师父辅导我们创作快板书《巧破敌围》。他从作品的主题立意到情节的安排处理，从人物的刻画到句头的编排，都耐心地为我进行讲解，并结合师父对我们的教诲进行指导，使我更进一步理解师父所讲的快板书创作的原则，如什么是"树桩拴马任徘徊"的创作方法，什么是"跨沟跳槽"，如何保持故事的连贯性，怎么写才能"蔓人"不散,以及刻画人物的诀窍,包袱句式的构成,如何写出李派快板书的风格与特点。还谈到快板书的创作与表演的关系等。那时正值五六月天气火热,师哥与我扎在地震棚里谁也顾不得擦去满头大汗,我们忘了吃忘了喝,一待就是一天。回忆起我从事快板书演唱的岁月里,稍有一点影响的就算是长篇快板书《桥隆飙》的演唱和播出了。孰不知《桥隆飙》的成功也是和志宽师哥的帮助指导分不开的。当时他也正在为天津人民广播电台录制他演播的长篇快板书《武林志》忙碌。不管多忙他还是在百忙之中抽出时间对我进行指导,提出了他对段落在演播中什么地方掐节和修改的意见,以及在录制中注意的问题,并对人物的塑造唱法及白口的处理,逐字逐句地进行指导,使我受益匪浅。

张志宽是我心中崇敬的师兄,他为人耿直尊师敬友,疼兄爱弟,师兄弟们有什么事都愿找他商量,他都会热心地帮忙,也愿意操这个心受这个累。在事业上,他热爱自己所从事的快板书艺术,视快板书艺术如同生命。五十多年来,他承前启后,学习、研究、演唱快板书,在这一领域里做出了突出的贡献。为此他获得了国务院颁发的特殊津贴,并被中国文联授予"德艺双馨艺术家"的光荣称号。

光阴似箭,岁月如梭,转眼五十多年过去了,志宽师哥也从一个快板少年变成了一位年近古稀、德高望

重的老艺术家了。历史就是这样走过来的，在中国曲
艺史中，在快板书的不同时空的行列里，将铭刻着这
个曲种的创始人李润杰和他的继承发展者张志宽的
名字。

我爸与师兄弟间的真情由此可见一斑。除师兄弟外，我爸
在其他朋友间的为人处世，也是既讲板也讲眼。对此，著名相
声表演艺术家孟凡贵老师曾做了一首藏头诗褒奖我爸。

志在曲苑颂中华，
宽广胸怀扶大家，
好事做遍津京地，
人赞德艺双馨娃。

该诗的藏头字便是："志宽好人"。
金无足赤，人无完人。我爸爸在业余生活中，也有自己的
爱好和乐趣。他爱好什么呢？就是打牌，也称"打麻将"，而且在
打牌上还闹出了不少笑话，说起来还挺哏儿。

# 二十九、打牌被抓

人都有除专业以外的爱好或感兴趣的事，我爸最大的业余爱好和兴趣就是打扑克牌或打麻将。而且牌龄长、牌瘾大，要是有几天不玩儿，就像欠人钱一样，心里难受。

但他打牌也有一个特点，就是不跟外人玩儿，不跟不认识的人玩儿，不跟年轻的学生们玩儿。牌友基本上都是曲艺界的朋友，并以本单位关系不错的同事为主。虽然输赢也给钱，但是属于"戏赌"，谁赢谁请客，绝不进行"豪赌"。即便如此，他也有一怕——玩儿牌不能让我妈知道。

为什么呢？因为我妈是搞医的，她担心我爸的身体。我爸心脏不好，有一次出门演出，在火车上突发过休克。而且他声带有结节，演员靠嗓子吃饭，牌友大都是烟民，一打牌乌烟瘴气，忘记了时间，这对身体、对声带都没有好处。所以，在控制我爸玩儿牌方面，我妈是毫不手软。为此，他们吵过嘴，打过架，但败者必然是没理的我爸。因为我妈是为他好，这个理儿他得服。况且，在这个问题上，曲艺团的领导以及我师爷李润杰等人都支持我妈，好像这还是他们交给我妈的任务。可是我爸总是管不住自己，他平常也没别的爱好，不唱歌、不下棋、不溜商场，有空儿了就想打牌。怎么办呢？他就得偷偷地玩儿，不能让我妈知道。

一次，我爸趁我妈上班的时间，把王佩元、常宝丰、戴玉民三个牌友邀到家里，开始了激烈的"战斗"。离我妈下班还有一个多小时时，他就开始给我妈单位打电话，问我妈："淑珍，买什么菜吗？"

"不用！甭管了。"我妈觉得还挺好，还知道买菜。

过一会儿，他又打电话问："淑珍，你今天想吃什么呀？"

"我回去做！"

又过一会儿，他再次打电话……

我妈纳闷儿了：平常没这么周到啊？这一会儿仨电话啦！嗯，明白了！这是看我从单位出来了没有，怕我提前下班，他们一准儿是在家打牌了。

我爸眼看我妈快到回家的时间了，就频频从窗户往外看，但仍没耽误玩儿。而且他把窗户全打开，几个人边玩儿牌边用扇子往外扇烟——因为抽烟抽的屋里已"浓烟滚滚"了。一会儿，他看见我妈从远处出现了，立即麻利地将牌和麻将桌子收了起来，然后几个人把屋里还看了一遍，认为没什么破绽了，便装作没事儿似的坐那儿聊天儿。

我妈一进门儿，看见这么多人在家，便客气地问："哥儿几个全来了？"

我爸抢着回答："我们今天研究个节目。"

我妈用眼一扫，便说："研究节目？不对吧？我看你们是打牌了！"

我爸气壮如牛地说："没有！你凭什么说我们打牌？"

我妈不慌不忙地一指屋里的地毯说："你们看，这地毯上还有麻将桌的四个桌腿儿印呢！"

"啊！"我爸一愣："唉！我怎么忘了这茬儿啦！"

他还"砸挂"呢！

这次被抓了"现行"，那以后怎么办呢？

# 三十、屡教不改

　　俗话说：吃一堑，长一智。我妈不让玩儿牌，家中玩儿不了啦，怎么办呢？同样打牌有瘾的哥儿几个私下商量，结果王佩元"挺身而出"说："以后咱们上我家玩儿去，万一嫂夫人要来，我老婆就能应付她。"

　　于是，几天后他们就来到了位于长春道菜市场旁的王佩元家，继续玩儿。

　　当时王佩元住的是一座老式楼房的一楼，里外两间，后边还有个小院儿。一起玩儿的除了我爸和王佩元、弦师戴玉民外，还有曲艺团的作家刘志凯（王毓宝的丈夫）。

　　那天我妈下班回家后，就问我："你爸呢？"

　　我说："上佩元伯伯家去了。"

　　我妈心里当时就明白了："准是去打牌啦，我得看看去"。

　　因为我们家离王佩元家很近，我妈很快便到了。

　　这时我爸他们几个正"万马战犹酣"，忽然听到外面王佩元的夫人喊:"快! 曹淑珍来啦! "

屋里这四个人腿脚真利索,将牌一抖,往被子里一掖,便从窗户翻到后院去了。

没想到后院窗户下边是个煤池,几个人全跳进煤堆里弄了一身煤,再加上天热,浑身的汗,个个都成了"包黑子"。他们你看着我,我看着你,捂着嘴也不敢乐出声儿。这时就听见王佩元的夫人又喊了一声:"出来吧,她走啦! "

这时,已年近六十岁、一脸煤灰的刘志凯似乎才琢磨过味儿来,他冲我爸"砸挂"说:"我怎么啦?你老婆找你,我干嘛吓得也跑呀?! "

我妈此次"抓赌"未成,心有不甘。她想,准是佩元的夫人一喊,他们藏起来了。在人家家里得给人留面子。别急,咱以后走着瞧!

这一天,我妈买菜路过王佩元家,看时间正是我爸他们每次玩儿牌那会儿,便又去"串门儿"了。当她走到王佩元家门口时,见王佩元当时只有六七岁的儿子小辉正在门口玩儿呢。小辉见她来了,便大声喊:"娘娘,娘娘来了! "

我妈赶紧拉住他不让喊,心想:这比搞地下工作还严密呢,门口还搁个孩子放哨。

这时正在屋里玩儿牌的我爸听见小辉喊,知道是我妈又来"查岗"了,急忙从另一间屋子钻进了后院儿——这回是他自己躲起来了。别的牌友迅速把牌收起来,在屋里坐着假装聊天。

　　我妈进屋后，先跟相声大师苏文茂等人打了个招呼，一看"三缺一"，我爸没在，就往后院方向走，边走边跟后边提心吊胆紧跟着的王佩元说："你们家这个后院不错啊！我看看！"

　　她一抬头，就看到我爸在院里站着呢，便问："唉！你在这儿干嘛啦？"

　　"背活（即背词）了。"

　　"人家都聊天，你这么刻苦呀？！在这儿背活？你手里拿的是什么？"

　　我爸低头一看："二饼……"他马上朝屋里喊："谁呀？怎么把牌扔院儿里来了？"

　　别说屋里的人，连我妈都笑了。

　　我的老爸除了爱打牌之外，还有一个"缺点"，就是过于直爽，想起什么说什么，绝不藏着掖着。有的人理解，有的人就觉得难接受，为此也伤了一些人。

# 三十一、总是得罪人

有人曾经劝过我爸："您在剧团待这么多年，怎么就不能'老和'（圆滑点儿）呢？有些事跟您也没关系，干嘛总得罪人呢？"我妈也总说我爸："总也长不大。"

他在外面当评委，当别人偷偷给他送钱时，他拒收，但马上想到可能别人有收的，便按捺不住去向相关部门反映。这不是得罪人吗?！有一句话用在我老爸身上太合适了：江山易改，本性难移。

常祥霖伯伯是一个深有体会的人。他曾说：

张志宽是嫉恶如仇的人，看见不对的事情，决不听之任之，有时候直截了当，坦率得让人难以适应。20世纪80年代中期，我在《北京晚报》发表了《谈裂穴》一文后，到天津参加活动，志宽就给我来了个下不来台。他说："曲艺界是有不团结的现象，你应当促进团结，可你为裂穴叫好，这不是推波助澜吗！"他的大嗓门批评得毫不留情。

还有一次，我评论大连"星海杯"相声比赛的时候，指出其中一个作品格调低下，有"暗臭"内容。可巧，又遇到了张志宽，他和上次一样的语气、一样的态度，说："你怎么这么不懂事呢？你批评找错人了，人家威信和人缘都非常好，你批评人'暗臭'，人家受得了吗？"张志宽两次气势汹汹的批评，让我理智，让我清醒。虽然我当时脸上挂不住，但慢慢地经的事情多了，便悟出了张志宽当初的苦心。对此我一直心存感激。现在交友难，交诤友更难。我们为什么不能多交点儿诤友呢？

人的名儿，树的影儿。"北京李金斗，天津张志宽"，单凭这句曲艺圈儿的俗谚，便可知道张志宽的

张志宽与常祥霖

为人。他俩都是乐于助人的典型，谁有难处和困难他俩都乐意帮。这样的人，心直口快，有什么好求全责备的呢?!

工作干多了，难免有纰漏;说话太直了，也会有闪失。但我看见，张志宽一旦发现自己失误时，绝不狡辩。他会在酒桌上极其真诚地自罚，或者拿出他专门制作的竹板当礼物郑重地送给人家表示他的诚意。尤其在他主持的各种会议上，介绍发言人的时候，无论此人是否背后议论过他，他从来都是用赞美的语气把人家夸奖一番。或者介绍对方为人的优点，或者介绍其艺术成果，把对方闪光的东西一股脑儿地宣扬一番，生怕掩盖了人家的光芒。敢于肯定别人，乐于颂扬别人，正确评价别人，全面看待别人。在这种前提下，说话直率一些也不一定就得罪人。只能证明一个人磊落无私的心怀。

常祥霖伯伯上述这些话，只能证明他比我爸爸有胸怀。

一个人在社会上交往和处事，遇到全部公正很难。面对不公正、被人不理解甚或是委屈，我爸是怎么处理的呢?

# 三十二、遇到不公正怎么办

1986 年全国曲艺比赛，我爸爸和河北省曲艺团的快板演员常智同时参赛，比赛结果令许多人都没想到：常智获得一等奖，我爸爸获得的是二等奖。

这时，许多人替他鸣不平，甚至有人还直接找到评委去提意见。因为常智名气、技能明显不如我爸爸，而且还曾向我爸爸学习过。可是我爸爸得知获奖结果后，没有表现出任何不满，更没有像个别人那样，把评委挖苦几句自我解嘲。他只是对那些为他鸣不平的人说：自己的创作不如常智，常智获一等奖我心悦诚服。这使很多人都很感动。

在天津他也如此，有时他完全有资格申报多种"奖项"，但是，他每次总是把一些前辈摆在前面，他说和前辈的声望、成就相比，还"轮不到我"。

我爸爸这种谦逊及体谅人、理解人的胸怀和态度，也在深深地影响着我、教育着我。

我爸爸常说:一个演员的好坏,要看观众认可不认可。有一次,我爸正在曲艺团排练,传达室的大爷进来找他:"志宽团长,有俩孩子和家长在门口想见你,来好几回了,你总不在。见吗?"

"大热天儿的,快让人家进来。"

大爷出去后,一会儿就有人敲门,我爸喊:"请进。"

门开了,他看见走进来两个十几岁的男孩儿,戴着墨镜,手里拿着马杆——是两名盲童。后面是两名家长。

我爸马上站起来说:"快进来,坐吧。"

两名家长很腼腆地说:"张老师,不用,我们就待一会儿,孩子就想看看您,来几次了可赶上了。"

这时一个男孩说:"张老师,我们特喜欢您,都喜欢听您的快板,可惜看不见您的表演。"

另一个男孩则说:"一直从收音机听您的快板,今天我们来看看您。没想到您能让我们进来。"

"喜欢听好啊!没有我的磁带吧?我给你们一人一套。"他转身从办公桌拿出几盒磁带,还拿出笔给签上字。两位家长含着眼泪直道谢。

我爸爸又问:"你们上学了吗?"

"上了,我们俩也会唱快板。"

"好啊!我听听!"

真是早有准备啊,他们带着快板了。

他俩表演完了,我爸便给两个孩子说句头,说板的打法。

聊了一会儿,其中一个孩子说:"张老师我们看不见,能摸摸您吗?"

"好啊!摸吧!"

俩孩子摸得很细致。两位家长再也控制不了自己的眼泪,在旁边一直道谢:"太感谢您了……"

2000年3月,我爸爸从天津市曲艺团调到天津曲协任秘书长,他在新的岗位上是怎么做的呢?

# 三十三、履新之路

天津曲协的全称是天津市曲艺家协会，它是天津市文学艺术界联合会(简称"天津文联")下设的十大协会之一，负责全市曲艺工作者的各种业务活动。据时任天津市曲协副秘书长的刘秉云姑姑说：

> 我有幸能与他近距离接触六年之久，他对曲艺事业的忠诚，对曲艺事业的责任感、危机感、使命感、荣誉感，无不承继着曲艺前辈大师们的精神，同时也彰显出一名老曲艺工作者对曲艺传统精神的最好诠释。

踌躇满志的他上任后，凭着对事业的热爱，对协会工作未来的思考，大胆提出了要通过举办国字头大活动来凝聚人气、提升天津曲艺之乡在全国的影响力的思路。话好说，可对于日渐萎靡的曲艺演出市场而言，要搞个活动其难度可想而知。首先面临的就是资金问题。市场经济下，企业对于文化艺术活动的投资已经十分谨慎了。怎么办？按张志宽的话说，先交朋友，再谈买卖。于是他那在圈内早已闻名了的嗜好——喝酒，派上了用场。确切地讲，他的酒量不是很大，但他是那种能喝8两绝不喝7两的人。他真诚地投入，没有一丝隐藏，常常出现喝多了找不着家的情况。也许有人对他嗤之以鼻，也许有人把此作为笑柄，茶余饭后作为谈资，津津乐道。但他就是用这种最质朴、最简单的方式，加上他对曲艺事业的无限忠诚和极大的热忱，打动了众多企业人士，纷纷慷慨解囊，为天津曲艺艺术走向繁荣、走向发展、走向市场迈出了坚实的一步。由此，一系列全国性曲艺大赛在天津雨后春笋般涌现。尤其是两次"红旗渠"杯全国快板邀请赛、"红金龙"杯全国快板书新作品大赛在天津的成功举办，繁荣了快板书艺术，推出了一大批新作品和表演人才。当数百名来自全国各省市、解放军、武警、中直、海外等快板书老中青艺术家、作者、演员齐聚津门，享受东道主最热情的服务时，无不赞叹作为全国曲艺龙头天津的凝聚力和魄力，以及张志宽的组织活动能量。因为他们知道，没有一定的经费和物质基础作保障，是绝对不能承办如此规模的活动的。

在中国传统民族艺术中，有这样一句话："未曾学艺先学做人，人以孝为先。"这在张志宽身上体现得淋漓尽致。行内人都知道，张志宽的孝顺是出了名的。他对师傅李润杰和师娘的孝顺，是众所周知、有目共睹的。他经常和我提起他小时候学艺的情景，讲一些老艺术家对他的呵护帮助。虽然是几十年前的事情，但是每每谈起，充满感激之情。他凭着对事业的热爱，对老艺术家的尊敬，率先提出并制订了《为老艺术家服务公约》，在整个文艺界产生了很大反响。

六年来，先后举办了张寿臣、阎秋霞、白全福、田荫亭等老艺术家纪念活动。对于死者是一个追忆，对于后人也是个激励。

每年春节前的老艺术家迎新春茶话会，是曲艺界最热闹的日子。老艺术家们打扮得精精神神，济济一堂。张志宽总是嘱咐我们，能通知到的，千万别落下，岁数大的，帮着打个车，行动不便的让家属陪同，殊不知他为了这一次次团拜聚会，四处联系酒水、礼品，落实经费等付出了多少心血。那一天，他像迎接自家的长辈、亲人一样，看见久违的老艺术家精神矍铄、体格硬朗，那种兴奋的心情溢于言表。春节前老艺术家团拜聚会，也就成了张志宽六年曲协工作的一道亮丽风景线。

他在曲艺界有很强的公信力，业内曾流传着"有困难找志宽"的戏言。老艺术家举办舞台生活祝贺活动、出书、出光盘、专场演出、研讨会等，都要与志宽商量。他总是全力以赴，乐此不疲。从策划活动到落实经费，直到上台亲自主持，事必躬亲，一一落实，无怨无悔。

记得有一次，天津时调艺术家王毓宝由儿媳陪同到文联参加一个活动。儿媳丽萍见到我们后，从书包里取出一件衣服，告诉我们说，这是刚从对面的友谊商店给老太太买的。那是一件黑色长款外衣，很时尚大方。老太太也非常满意。说者无意，听者有心。这时候张志宽从口袋里掏出钱来说，难得老娘这么喜欢，就算我孝敬您的。不由分说把钱塞进王老师口袋里。没有客套，自然真诚。令在场人非常感动。类似这样的事，在我与他接触的几年中，不计其数，这让我深刻体会到他与老艺术家那种血浓于水的深厚情谊。

一个人的公信力来自他的人格魅力。这不仅体现在他的工作中，因为工作岗位可能赋予一个人许多的光环，受到许多人的拥戴，随着岗位的变动甚至离开，可能会逐渐减色，但是真正的人格魅力会在生活中无时无刻地表现出来，而且像珍藏数年的老酒，随着时光的流逝，愈发散出醇厚的浓香。

退休以后，家属曾多次劝说他颐养天年，尽量少参加各种活动和演出。毕竟年过花甲，精力体力不如从前。但是张志宽实在割舍不了与这门艺术的感情。

虽然他举家迁至北京,但是天津搞什么活动,如老艺术家魏玉环收徒、杨志刚从艺55周年、刘春爱舞台生活55周年,他都要从北京赶来准时出席,不打半点儿折扣。用他的话说:人家请我主持,是一份情谊,看得起咱,也是对我的厚爱,我没有理由拒绝。

在中国曲协组织的2008年5·12大地震慰问演出活动中,冒着高温天气和恶劣的环境,他的年龄最大,但是他在极短时间内背下全部新创作台词,演出若干场,受到广大灾区人民欢迎和同行的敬服及中国曲协的嘉奖。这时我又看到他出现在中央电视台为玉树举办的赈灾义演晚会现场……

张志宽不仅是一名为曲艺事业四处奔走疾呼的领导者,他更是一个严师,一位好朋友。他桃李芬芳,徒弟、学生遍布大江南北及海外。他在艺术上对他们严格要求,在生活上对他们倍加呵护。每逢有全国赛事,他要比徒弟更上心。每个徒弟上什么节目,从作品到表演,他都要严格把关。在"红旗渠"杯和"红金龙"杯全国快板大赛中, 他看到有的徒弟作品没有落实,就亲自出面找作者量体裁衣帮助写作品, 排练时,一个眼神儿、一个语气,他都要亲自示范,如今他很多徒弟都在各地有较高的知名度,并屡获全国各曲艺赛事殊荣。

张志宽——一位享誉全国的快板书表演艺术家,

一位推广和普及快板书艺术的倡导者，一位为曲艺寻找市场出路的先行者，一位承继了具有鲜明中国气派的民族传统艺术精神的忠诚卫道者。

秉云姑姑的赞美虽然有"溢美"之辞，但对我爸爸的描述还是真实可信的。对此我和我妈妈也有同感。

我爸爸是"李派"快板继承人，在其艺术生涯中他是怎样走好自己的路的呢？

# 三十四、如何"守"　怎样"进"

　　艺术的传承和光大有一条基本规律,那就是"进而发,守而滞"。此话好理解,但做起来很难。

　　著名军旅快板书、相声表演艺术家李立山曾为我爸爸的艺术成就进行过研究总结,他归纳了 12 个字,即"深情感,浅程式,重形体,强节奏"。对此,他是这么解释的:

张志宽与李立山

"深情感",是他非常突出的艺术特色。看过他表演的人都会为他深深的情感所吸引：

战士们个个气直喘，

使尽力气往前赶。

步步走,步步想,

为了人民为了党……

张志宽的演唱情真意切,感人至深,观众不自觉地随他进入情境之中，都为红军战士坚毅顽强的大无畏精神而动容。这种"深情感"的表演方法,在张志宽的作品中比比皆是，已经形成了他突出的艺术风格。

"浅程式",曲艺表演讲究"书口戏架",快板书也是如此。很多演员承袭"像不像三分样"的表演方式,但只循其表意,未谙其精髓,在张志宽的表演中一改此风，他把历代曲艺艺人总结的表演方式具体化、规范化。手、眼、身、步,处处重"法",一招一式准确到位,有很鲜明的个性特色,抑扬顿挫,情声交融,字清音重,掷地有声。我多次参加各地各类快板比赛的评判工作,张志宽的学生不用多问,一看便知。因为他们从身段到表演、从吐字到演唱都带着典型的"志宽风格",鲜活地展示了"浅程式"的表演成果。

"重形体",张志宽的快板书表演是严谨的。尤其他在人物刻画上,不但追求"神似",也绝不忽视"形似"。他的表演十分"重形体"设计,欣赏他的作品,武松、店家、东方旭、孙二娘、瞎小五、匪兵排长……诸多形象豁然眼前。以《孙悟空三打白骨精》为例,他为老翁设计的倒拖拐杖的横蹉步更是别具匠心的,既把老翁在孙悟空追赶之下的慌张情节准确地表现出来,同时,形体的美也增强了快板书舞台表演的美,可谓相得益彰。

"强节奏"是张志宽快板书的又一显著特征。快板书是节奏感非常强的曲种,既要写人叙事,又要有板有眼。快板书是打板说书讲故事,"书"是"板"的依据,"板"是"书"的支撑,"板"不强"书"自弱。张志宽始终把快板书的节奏摆在他表演的重要位置。在击节乐器的运用上,他更是得心应手。尤其对节子的处理自然流畅,无论是平口的晃节子,俏口的掂节子,对话的贴节子,贯口的煽节子,层层递进,衔接无痕,出神入化,功力精深。包括他演唱中间对大板的运用,灵活、准确,章法清晰。鲜明的节奏,贯穿通篇,或疾或缓,若重若轻,大河奔涌与涓涓细流并进,空谷幽兰伴傲雪苍松共生,在观众面前很好地展现出一幅快板书"平爆脆美"的艺术画卷。

正是这十二个字,让张志宽的快板书艺术"守"——能承前启后,"进"——自立成风,成为"李派"快板书传人中表演个性鲜明的艺术大家。

有了"守"和"进",仅仅是迈出了艺术定律的第一步,在"守"和"进"的基础上更上一层楼的是"立"。那么我爸爸又是如何"立"的呢?

# 三十五、立艺的"三字诀"

快板书演员秦珂华曾对我爸爸在表演艺术上的"立"做过专门研究，并形成了如下文字：

志宽先生的"声""形""情"始终引领着我热爱快板、学习快板，也让我更加感受到先生的艺术就是一座高山、一面旗帜，我等后辈不仅应该"心向往之"，更应该身体力行之。

声——平爆脆美

《劫刑车》《武松打店》《武松打虎》《糊涂县官》《酒迷》《说大话》……一段段由声音编织起来的动人故事时时萦绕耳旁，一个个由声音塑造起来的感人形象刻刻浮现脑海。这声音足以丰满得"引起心灵的共鸣"。如今想来，记忆尤深的是《武松打虎》中武松喊酒保的四句"酒家，拿酒来"。第一句，平缓而不失张力；第二句,温和而有韧性;第三句,声若洪钟,中气浑厚;第四句,穿云破雾,直冲霄汉!这四句唱词,多年来,我曾竭力模学而不得。

再如,"华蓥山,巍峨耸立万丈多……";

又如,"……这只虎,身长足有一丈二,尾巴好像一杆枪……"等等,不胜枚举的唱段,都是句句精彩,段段动人,正可谓是"平如芙蓉泣露、爆如昆山玉碎、脆如凤凰鸣叫、美如香兰矜笑"。

形——手眼身步

其一,眼神灵动多变、细腻传神。《劫刑车》中老太婆和伪警察局长的一场戏,眼神一转是伪局长,一闪又是老太婆,一定睛是惊诧,再一扬眉却又是嘲讽……真可谓眼生横波,眉聚峰峦,人说"传神之难在目",而志宽先生做到了,且做得如此典范。

其二,身段潇洒飘逸、精干利落。孙悟空的开脸儿"头戴六棱软罗帽"一段唱,声形俱佳、形神兼备:指帽檐、捋翎子、拉山膀、挥铁棒……每个动作都是精心雕琢,仔细磨炼,一招一式均是大家风范,一动一静间紧扣人物性格的精髓。

其三,节子板、大板运用流畅自然、得心应手。节子的单点、双点、基本点和混合点的变化,与故事情节结合得如此恰当,时而单点,细密匀称如小桥流水,时而"凤点头",高亢激昂如万钧雷霆;时而"平翻",声音似有若无如杏花春雨，时而混合点，爽朗响亮如骏马秋风。大板的运用更是出神入化，"词到板到，词、板情绪一致，且收发自如"。

情——真切感人

志宽先生说："一切技术都是为'情'服务，唱快板书要唱出'情'来，唱'情'是根本……"他演唱的《孟宗哭笋》，一字一句、一板一眼、一招一式均由情而发、为情而动、以情做结，他提出并做到"唱'情'是根本"极其艰难，并非易事。我认为志宽先生不但很全面地继承了其师的艺术，而且有很大的发展。

"发展"这个词很敏感。业内外承认吗？我爸爸在"发展"上具体表现在哪些方面呢？

# 三十六、"板式"上的突破

我爸爸的同门师兄王印权伯伯认为，我爸爸在继承的基础上，"发展"了"李派"快板书艺术。这具体表现在哪些方面呢？以下是王印权伯伯的具体阐述。

张志宽与师兄王印权(中)、师弟任影(左)合影

李润杰大胆地吸收了山东快书鸳鸯板的打法，用竹板代替铜板在每句唱词之间打出了"双点"，在不断

的实践中，又继续创造了连环点、单垛点、双垛点、垫点、混合点等。张志宽打这几种板式自然烂熟，而且，继李润杰之后，他创造了一种新的板式：单切。

张志宽认为，打板是为唱服务的，唱要唱情，所以，打板也要打出情来。无论在哪种场合演出，张志宽只要打出"单切"板式，观众们就心情激奋，随之为他鼓掌。因为"单切"表现的是激情。

《孙悟空三打白骨精》是张志宽的一个重要代表作。在唱"唐僧点头说声是，他们师徒四人继续赶路往前行"这两句时，张志宽用的是节子板，打的是双点。唱完这两句，板式突变，停了节子板，改换大板，接唱结尾六句："这正是：任凭妖魔多变化，孙悟空火眼真睛看得清，有智有勇有神威，敢争敢斗敢交锋，铁棒在手妖雾净，扫尽天下白骨精。"一共48个字，每唱一个字打一下板，共打48下，这种打法就是单切。声音洪亮，板声响脆。而且，由使用"单切"板式开始，唱和打板的声音由弱变强，速度由慢变快，异峰突起，观众被震撼，深受感染。张志宽的弟子、北京著名快板书演员王文长说："我学了师父的'单切'，使了'单切'，即使'活'路上有点儿瘟，根本也不用担心下不了台，准能要下彩儿来(掌声)。"

"单切"是为老观众创造的，老观众听了觉得新鲜。更是为新观众创造的，节奏鲜明，爆如炒豆，竹板起到了通俗歌曲乐队里架子鼓的作用。

李润杰打了一辈子的板，打的是"立板"——节子板立着打。张志宽则以打立板为主，偶尔也打"横板"——节子板横着打。"横板"就是"颠板"。颠板是王凤山的独有打法。

快板书艺术诞生后，出现了三个流派，李润杰的李派，高凤山的高派，王凤山的王派。李派大气磅礴，高派酣畅流利，王派活泼俏皮。

张志宽是李派快板书艺术的传人，对李润杰的艺术风格的继承是很全面的。但他的继承不是描红模，炒熟饭。如果他的一举一动、一招一式、一喜一嗔、一颦一笑都与师父一模一样，那么，他也就不是张志宽了。唱书唱情，以情感人是李派快板书的指导思想；唱打多变、穿成一线是李派快板书的艺术手段；大气磅礴、恢宏壮阔是李派快板书的艺术特点。对此，张志宽全盘端来，并在此基础上创新出新。"单切"的创新，使用王派的"颠板"，同样也是创新出新。

张志宽认为"颠板"能颠出一个情字来。然而，他用"颠板"也不是照猫画虎。王凤山的"颠板""颠"出了"俏"，他"颠板"则"颠"出了"情"。比如表现女人的柔情，他就用"颠板"，效果非常好。

王印权伯伯除了总结我爸爸在"板式"上的"发展"以外，还认为我爸爸在"李派"快板书艺术上有另一个"发展"。

# 三十七、"唱法"上创新

　　"板式"上的"发展"固然可喜,但"板式"毕竟是为演唱服务的。没有演唱上的"发展"与"出新","板式"上的"发展"只能是技巧上的"出新",尚构不成快板书艺术主体的"发展"与"出新"。因此,在快板书演唱上的"出新"才是其"发展"的关键所在。在这方面,我爸爸也是身体力行,不懈地努力着。对此,王印权伯伯曾评说:

　　　　张志宽在唱的方面也有所出新。他有四种唱法:平唱、紧唱、俏唱、垛唱。

　　　　平唱,就是平缓轻松的唱,节奏把握基本一字半拍,音调变化不大。主要用于交代故事中的时间、地点、人物、场景等。

　　　　紧唱,"紧"有两种含义,一是"紧凑",节奏稍快,句与句之间基本没有间歇,一气呵成;二是"紧张",利用语气、声调的变化,制造出紧张的气氛。

俏唱,"俏"是活泼、俏皮、轻松,如《孙悟空三打白骨精》里边的"但只见棒起、棒落、棒扫、棒过、棒磕、棒挫、棒戳、棒撤,一棒一棒急如闪电快如风,棒棒紧逼白骨精"。每次唱到"棒棒紧逼白骨精"时,准有热烈的掌声。

俏唱时他极少用自然的厚实的声音,而多用稍细的嗓音,显得很脆。

垛唱,也可称为"贯唱",如同相声和评书中的贯口,如《孙悟空三打白骨精》里边的"这妖精闪、展、腾、挪、上蹿下跳、左摇右晃、东倒西歪、前仰后合,只有招架力,没有还手功"。唱到"没有还手功"又能获得一次掌声。垛唱节奏感很强,所创造出的是一种音乐美。

李润杰认为快板书演唱应该达到"平、爆、脆、美"的最高境界。笔者认为张志宽的平唱、紧唱、俏唱、垛唱就是对"平、爆、脆、美"的内涵和意境的最佳诠释,也正如李润杰所说:"平如无风湖面,爆如炸雷闪电,脆如珠落玉盘,美如酒醉心田。"

数来宝基本上是一字半拍,快板书节拍的把握就自由多了。李润杰把握节奏,最多一字可唱两拍,而张志宽的演唱则更为自由。如在《孙悟空三打白骨精》里,有一段描写孙悟空的穿着打扮的:

只见他,头戴六棱软罗帽,

帽边周围绕飞龙，

紫金箍，耀眼明，

肩上横搭红披风，

紧身裤袄黄云缎，

虎皮战裙围腰中，

丝蛮带紧打连环扣，

牛皮快靴足下蹬，

手持一条如意金箍棒，

真是豪气冲天八面威风。

这实际上就是评书中的人物赞，共有 10 句，且不说他唱的前 9 句节奏变化之多，单说最后一句"真是豪气冲天八面威风"，这个句子的结构是"二四四"，而"二四四"结构的句子在快板书作品中极为少见。处理这样的句子，可以按照一般双尾句的处理办法来唱。但张志宽选择了自己的处理办法，他认为既然是人物赞，就要赞出孙悟空的机智、干练和大无畏精神，还要把握整个单元基调的统一，这个基调就是融激情满怀和明快活泼于一体。他唱"是"字唱八分之一拍，而唱"八"字，有时竟达到六拍，如同京剧中的叫板。一个字节拍如此长，在快板书演唱中，史无前例。唱出了孙悟空的疏狂不羁，也创造出了整个单元节奏的和谐美和音乐美。

　　这就是王印权伯伯对我爸爸在快板书演唱方面"发展"与"出新"的权威阐释,可谓专业至极。但他认为:仅在"板式"和"演唱"方面的"发展"与"出新"还不够,我爸爸在故事应用上也是独具匠心。

# 三十八、"故事"应用独到

　　王印权伯伯不仅是快板书表演艺术家，而且还是曲艺评论家和作家。他爱人刘兰芳老师的评书创作，基本上都出自他手。因为评书艺术就是"讲故事"的表演，所以他也非常重视快板书艺术的故事性。他认为我爸爸"讲故事"有如下特点：

　　张志宽作为一名演员，心里始终装着观众，也非常了解观众的需求心理。快板书这种艺术形式，就是用韵文配以打竹板诵说故事。无论过去、现在，乃至将来的观众，肯定都是爱听故事的。可是观众爱听什么样的故事，张志宽作了分析得出结论：

　　首先，故事必须精练。过去的观众爱听讲述细致的故事，所以，过去的曲艺作品，所讲的故事多有铺垫，一般一个短段时间掌握在 20 至 30 分钟，甚至更长。现在的观众尤其是年轻观众，生活节奏快，希望听到既有内容又很生动的故事。因此，张志宽对即使是十分喜爱的曲目，也大刀阔斧。如《鲁达除霸》删除了140句，《孙悟空三打白骨精》删除了达200句之多，他把"一打""二打"删除，只留下了"第三打"，故事更集中、紧凑，时间短了许多，观众自然就坐得住，听得津津有味了。

王印权伯伯最后认为：

"情感"彰显风格，故事必须有情，有情才感人。唱"情"，也就是唱出人物内心的写实和外在的写意。内心思想底蕴揭示的是"情"，外在形象、动作的描述也是"情"。张志宽认为，一名优秀的演员，应该是以技带情，寓情于技，只有达到了技情并茂的境界，才能穿透和激化观众的心扉和情思。张志宽的演唱之所以令观众折服，是因为他能把任何一个作品中的任何一个人物都唱得有血有肉，情深意切。要唱好人物，就必须进入人物。然而，快板书不同于戏曲，一个是"说法中现身"，一个是"现身中说法"。戏曲演员进入了角色，那么从头至尾就是这个角色了。快板书演员却不同，他要在人物之间跳进跳出，生旦净末丑，神仙老虎狗，都要扮演，更要演谁是谁。在这方面，张志宽的功底深厚，如他演唱的《鲁达除霸》，鲁达与卖唱女有一段对话,人物的转换就在一瞬间。张志宽通过语言的模仿、表情与动作的变化,把两个人物分得清清楚楚,他把卖唱女家乡受灾后逃到潞安府,再遭到恶霸郑老虎的欺凌并要娶她为妾的遭遇唱得悲悲戚戚,催人泪下;把鲁达听到事情原委后气冲牛斗,并找到郑老虎为卖唱女报仇的侠义行动,唱得疏狂豪放、令人振奋。

正是基于以上这些阐述,王印权伯伯权威地认为,我爸爸对"李派"快板书的"发展"做出了贡献。而同样在表演方面,曲艺作家高玉琮却有着下篇的独立见解。

# 三十九、"表演"独树一帜

曲艺作家高玉琮认为：

张志宽在台上能够给人一种美的艺术享受。源于他的表演独树一帜。

从收音机里听张志宽演唱，尽管非常优秀，但是，亲自看他的表演，从审美的角度看，无不被他在舞台上的潇洒自如、大方得体所感染，也因此能够得到一种美的艺术享受。而他的潇洒自如、大方得体应该说来自他的动作和表情的使用。下边，我试举几例剖析他的动作和表情的使用。

例如他演唱的《武松打虎》，武松一进入酒馆儿，他就做出了自己的表演处理。首先是从他"叫酒家"开始，第一次道白："酒家，拿酒来。"语气平和，脸带微笑，把即将有酒喝了的喜悦心情表演得淋漓尽致。但酒家没应声。他再叫："酒家，拿酒来！"脸上的微笑消失了，声音提高了，唱"拿"字延长了一拍。而酒家又没听见。他再叫"酒家，拿酒来"时，"拿"字再延长一拍，同时，额头皱紧，眼神恼怒。可是酒家仍没听到。他第四次叫："汰！酒家，拿酒来！"多了一个猛击桌面的动作，同时，每个字都用重音，"拿"字延长至四拍之长，二目圆睁，出现的是愤怒的眼神，武松已变得怒不可遏，差点儿把酒桌砸翻。当酒家听到后，给他端来了两碗酒，此处有唱词"二武松，端起一碗喝了个净"，配以喝酒动作，武松觉得酒不错，加了一句白口"好酒啊"！同时，他侧看酒家，再露笑容。表现出他对酒的质量满意，也因此原谅了三次未应声的酒家。随后，他把空碗放回，又从空碗的旁边端起第二碗酒，喝完，接唱"又把那碗喝了个光"。后两次喝酒相应加速，不再重复。

在这段只有一分多钟的表演里，张志宽把唱、白、动作、表情完美地结合起来，可谓无可挑剔，天衣无缝。之所以有如此的效果，源于他多次强调的："快板书重在一个'情'字，'情'欲表现得充分，感人肺腑，靠的是'多变'。而除了唱的多变，眼神的多变也至关重要。因为眼睛是心灵的窗户，必须做到'四有'，即眼里有人，眼里有物，眼里有情，眼里有景。"

这段没有景的描写，而对酒家及酒所用的眼神是喜、怒、大怒、侧目、笑，多次的变化就是"眼里有人"

"眼里有情"；从不同的位置端酒，则是"眼里有物"；而在之后又喝了十八碗酒，两只眼睛炯炯有神，其表现出的是高傲，但这种高傲里又充满了自信。

张志宽的动作和表情的使用非常准确，因为他的动作和表情具有写实性，而且，与作品唱词所述的内容相一致。

张志宽表演武松喝酒动作是写实的，但有多数动作则避免写实，而是虚实结合。仍以他演唱的《武松打虎》为例，他在台湾演唱这个段子后，报纸上刊登文章，称他的表演是"真武松打活老虎"。应当说这个评价相当高，且非常准确。他所以能获得这个评价，在很大程度上是因为他的动作和表情的使用。如老虎被武松摁倒，不甘心的老虎欲挣脱起来，武松三次往下摁，老虎三次往上抬，这时的老虎做了拟人化的处理，与武松有十分幽默、诙谐的对话。他在唱对话的同时，以动作配合。三次摁老虎，老虎三次往上挣扎，可是一次比一次低，以此来说明武松的斗志越来越旺盛，而老虎则在做垂死挣扎。观众看到他往下摁老虎，上身略弯，双手下摁，头略低，眼往下看。所以头"略低"，是不能给观众看到头顶，而是要让观众仍然可看到他脸上的表情和自信的眼神。当老虎挣扎时，双手与略弯的上身基本不动，头却往上看。倘若双手离开，老虎就会起来反抗，也就缺少了真实性。演唱《武松打虎》，舞台上完全不可能出现老虎。作为"现身中说法"的戏曲演出《武松打虎》，也不可能有真老虎出现，但有人扮的虎形参与演出。快板书则是属于"说法中现身"的曲艺范畴，所以，即使是虎形也不可能存在。然而，他的表演让观众觉得似乎舞台上出现了真老虎，这种虚实结合的动作和表情的使用，让他能够得到"真武松打活老虎"的评价，也就不足为奇了。

我们看张志宽演出的《鲁达除霸》，有一段很长的鲁达和卖唱女对话，对话基本上是一人一句，行进速度较快。他却不是"干唱"，以动作和表情加以配合。其实，他很善于人物的语言"化装"，即男女老少通过声音分得清清楚楚。可是他在唱这段对话时，却时而做位置移动，时而只是头的扭转。这样处理，人物分得就更清楚了。是位置移动还是头部扭转，取决于人物说话的长短。如果人物只说一句话，他就用头部扭转做人物转换；话稍长，就做位置移动。这说明他做动作时，时间把握得当，而时间也决定了动作使用和表情的长短。如卖唱女述说悲惨的身世、卖唱的原因、受到郑老虎的凌辱等，他唱得很凄惨，催人泪下。然而，卖唱女是哭诉，他的表情是不幸、凄惨的，可是却没有真哭。绝不是他没有进入人物，而是因为时间不允许。如果真哭，卖唱女只唱一句，人物就转换为鲁达，而眼里还有泪水，又不符合鲁达的性格了。对此，他是用表情来表现出卖唱女的种种屈辱、鲁达的恼怒、对郑老虎的恨与不屑等。可是即使是用表情来塑造人物,也是转瞬即换,时间把握得极为准确,使得唱和表情一致。

时间把握实际上就是节奏的把握,而节奏感是制造"美"的一个重要因素。音乐如此,快板书同样如此。他能够巧妙且又准确无误地把握节奏,因此,他所做的任何一个动作、一个表情、一个眼神,即一招一式、一颦一笑,对主题的突出、情节的描写、人物的塑造,起到了重要作用。

我们欣赏张志宽演唱的《武松赶会》,有武松和五个地痞流氓的武打动作。他在表演武打过程中,随着唱而做了八个武术动作,如通天炮、骑马蹲裆、肘击、抱腰等。看他的一拳、一脚、一闪身、一挪步、一扬身、一下蹲……转换极快,然而,我们却看得很清楚,一点儿都不乱,不以为是表演,而会认为武松真的是在与几个地痞流氓打斗,看起来很美。其原因是他借鉴了武术动作,此外,他还向京剧武生行当的艺术家马少良学习。故而,他的表演逼真,活灵活现。

早在四十年前,他接过了恩师给他创作的《孙悟空三打白骨精》,除了在唱上下功夫,为设计动作和表情,他同样也下了大功夫。为了模仿孙悟空,他多次向擅长扮演孙悟空的京剧艺术家董文华请教。而且,他在背词儿的过程中,就开始设计动作和表情了。其中有一句写孙悟空看见了白骨精变化的老翁:"见对面,(老翁)倒拖着拐杖嘘嘘地喘。"他在唱的同时做了动作:(1)腰部微弯;(2)右手放在斜侧方,以两块大板模拟拐杖;(3)往后有一个蹉步。三个动作连贯、优美。

我经常和张志宽探讨他的表演,赞其技艺的高超。他常说:"艺术来源于生活,在舞台上我们要利用各种表现手法展示生活、美化生活,同时也使艺术得到了升华。"他还说:"曲艺表演的特点是和观众打成一片。"所以在演出中,他始终是以他的神态和动作,引领观众节节入胜。谈到动作和表情的使用,他有着很多的体会,如他提出的"眼里四有",还有他提出的"欲高必低,欲远必近,欲快必慢,欲硬必软,欲进必退,欲动必静"等。也因此,他的动作和表情的使用,达到了准确、虚实结合、时间把握无误、优美这几个方面

张志宽与曲艺作家高玉琮

的高度统一,使他的动作运用干净利落、潇洒自如,表情运用恰当、丰富。

作为一名曲艺理论工作者,我认为张志宽的动作和表情使用完全可以与他的恩师李润杰相媲美,甚至超过了恩师。

高玉琮是我爸爸的"粉丝",曾记录了我爸爸的许多表演经验,因此,在上述文章中,他对我爸爸的评说似有"吹捧"之嫌。其实,在创作上,我爸爸与师爷李润杰相比,还是有很大差距的,但他始终在努力拼搏。

# 四十、创作上永攀高峰

近年来，我爸爸对快板书中的数十段传统曲目进行了认真整理。为适应现在观众的欣赏特点,他对传统经典之作进行了大量的审慎加工和修改。这是一项复杂而艰苦的工作,有时比创作一段新节目都难。因为传统节目是历代老先生们留下的精华,既要保持其面貌特点,同时还要提高原作品的质量。改不好,业内人士有非议,熟知作品的老观众也不干。他是怎么做的呢？

首先,压缩作品篇幅。因为时代在变化,人们的欣赏需求已由过去的几个单一品种变得多元化。老先生们演的作品为适应当时年代人们"消闲解闷"的需求,作品都比较冗长。当年艺人们为了"撂地"多敛钱,段子中间每个小高潮均要打一回钱,一个故事完整地唱完,要打多次钱。新中国成立后,虽然快板书进入了剧场,但每个节目也得 20 分钟以上,甚至三四十分钟,否则观众认为你没卖力气。再有,一场晚会固定7 个节目两个半小时,这是约定成俗的欣赏习惯。如每个演员不能演到二十分钟左右,后台管事的也不干:"怎么就你偷懒儿,剩下的时间谁替你?"但现在不行了,尤其是电视台,导演就要求你十分钟左右。现在许多快板、快书类的节目之所以很少在电视中出现,这是重要原因之一。而且还出现了一个令人更痛心的现象,那就是重大晚会也看不见快板节目了,有的快板演员不唱快板去专职说相声去了,茶馆里面的相声大会也将快板作为垫场节目放在开场了。怎么办?我爸爸首先将许多三四十分钟的节目改编为二十分钟以内或十余分钟。对过于冗长、啰唆的铺垫和叙述进行精减,让作品直入主题。如《武松赶会》,最早是由五段组成,师爷李润杰改成了 18 分钟,后经我爸爸的修改,现在为 11 分钟。前边与作品关联不大的"跑梁子(即故事梗概)"情节、"贴报子"的内容以及对赶庙会的姑娘、老太太的描述等,已全部删掉。原先老先生光"贴报子"的情节就能唱 5 分钟,修改后的唱词主要突出了武大劝武松和武松打死瞎小五的情节,可谓抓住了整段作品的魂。《孙悟空三打白骨精》是我爸爸的代表作,那时是 23 分钟,虽然当年红极一时,但随着时代的变化及今日观众的欣赏需求,现在这个节目被缩减到了 11 分钟,将原先的"三打"改成了"一打",用四句定场词后,直接出现孙悟空扮老妖的情节,这样就使作品的节奏更加紧凑、完整。

其次,就是修改不合理的唱词。如《武松打店》,当年的作品对武松形象的描述就欠推敲。武松当时的身份是一个被发配的犯人，不可能像作品中描述的那样衣着光鲜亮丽。再比如孙二娘，她毕竟是《水浒传》中一个正面形象，她的衣装打扮、行为举止不能过于轻佻。我爸爸对这些细节都进行了改动、调整。原作品时长是 27 分钟，现在压缩成了 16 分钟。

再有，改动了唱词中的地方语言。如《武松赶会》是由山东快书移植来的，所以山东方言很多。如武大劝武松的时候有一句："他们五个看见不服气，一定和你闹饥荒。""闹饥荒"是山东方言，山东省以外的观众不大明白原意。而快板书是普通话，所以我爸爸将"闹饥荒"改为了"闹翻江"，这样就更符合广大观众的欣赏要求了。

此外，提升了唱词的内容和意义。如在表演名段《二万五千里长征》时，我爸爸不仅将原来的 20 分钟缩减成 12 分钟，而且还增减了内容。作品中最早有南昌起义而没有遵义会议的内容，可是红军长征是于 1934 年开始，而南昌起义则发生在 1927 年，早于长征 7 年多，所以南昌起义的内容不应加在长征中，便予以删掉。而遵义会议在长征中意义独特，则必须增添进去。再有就是唱词中长征结束后，直接成立了新中国，没有经过抗日战争和解放战争的过渡。于是我爸爸找其师兄王印权伯伯商议，最后加了四句词，即"抗日战争得胜利，解放战争创奇迹，四九年十月一，伟大的中华人民共和国宣告成立"，把抗日战争、解放战争通过这四句词体现了出来，作品就更加完整了。

最后，对不合情理之处进行修改。如在《鲁达除霸》中，原唱词中"唱曲儿的""左手拿着金钱鼓,右手拿着撒拉机",这就不合情理。"撒拉机"本身就是用两手击打的乐器,不可能还拿着金钱鼓。我爸爸将它改成"左手拿着金钱鼓(金钱鼓就是现在的八角鼓),右手就把鼓穗提",这样就把"唱曲儿的"人物形象表现得更为合理。《武松打虎》中有这么一句词:"这老虎半空当中往下落,二武松一见喜得慌,打个箭步抓虎尾,骗腿骑在了虎背上。"这也不合情理。抓虎尾怎么可能骑在虎背上?而后面的唱词是武松要掐虎的脖腔,这就更不符合情理了。我爸爸把它改成了"一个箭步将身闪,骗腿骑在了虎背上。"一闪身,骑虎背,掐脖腔,这样处理就顺理成章了。

除作品内容外,在表演形式上,我爸爸也进行了创新。他首创了红色经典《二万五千里长征》,这段快板有五人演唱和三人演唱两种形式,他亲自设计造型、舞台表演调度、编排组合气口、板式烘托造势,以新颖的形式、独特的风格、真挚的感情再现了震惊中外的伟大历史事件,让观众在大气磅礴、恢宏壮阔、情真意切、感人至深的艺术表演中重温了长征史,进一步感悟到敢于胜利的无产阶级乐观主义精神,感悟了对革命的无限忠诚和对党的坚定信念。这就是快板书的魅力,是我爸锲而不舍,为之努力一生的原动力。

与此同时,他还吸收评书叙述长篇故事的特色,与他人合作创作了长篇快板书《武林志》,由他在电台进行了为时近两个月的播唱。此外,他还独立或与他人合作,创作了《午夜枪声》《威震石门寨》《大庆新铁人》《伍豪之剑》《血的教训》《古庙奇闻》《巧破敌围》《抗非典凯歌》和《东方旭打擂》等一批优秀的快板书新作,并分别获得国家和省市级奖项。

　　面对我爸爸的这些成就，王印权伯伯撰文提出在快板书舞台上出现了一种特殊现象,什么现象呢?

# 四十一、张志宽现象

既有舞台经验又有理论研究的王印权伯伯视角敏锐，他对我爸爸始终密切关注。近年，他提出了曲艺舞台上的一个特殊现象——张志宽现象。

快板书较之相声、评书、单弦等是一个年轻的曲种，从诞生至今也不到 60 年。1953 年，天津市广播曲艺团演员李润杰对民间说唱形式数来宝进行改革，融入了评书、相声、山东快书、西河大鼓等曲种的一些艺术特点，创造了快板书这个崭新的曲种。这个曲种一经诞生，迅速在全国产生极大影响，外地、部队来津学习者众多。当时，全国大多专业曲艺演出团体、部队文工团都有快板书演员，而在天津，学习者更多，一期学习班的学员就有二百多人。而且，快板书以极快的发展速度，很快就与评书、相声等曲种一样，成为全国性曲种。随着中国改革开放的深入,多元文化的交织碰撞,传统艺术受到严重冲击,戏曲和曲艺首当其冲。快板书艺术并没有因为"年轻"而逃脱厄运,刚一诞生时的红火场面荡然无存。特别是进入 20 世纪 90 年代,很多快板书演员或是改行或是下海,仍坚持在舞台上的为数不多了。就在这为数不多的演员中,有一位坚守阵地,演出不断,鹤立鸡群,这位演员就是张志宽。

张志宽身带竹板常演常新,他的足迹踏遍了祖国的大江南北。

他曾随中国文联慰问团赴长庆油田慰问,团里有多位大牌歌星、笑星。在慰问结束返京后,姜昆团长向时任政治局委员、中宣部部长的丁关根汇报:"这次慰问最受欢迎的演员是张志宽。"

随中国青联慰问团赴青海演出,名演员众多,但当地藏胞把唯一的一条哈达献给了张志宽。

赴西沙、南沙群岛慰问海军官兵,基地司令员看了张志宽的演出后,单独接见了他,与他合影,并在照片上题词:张志宽是我们海军最可爱的人。

随天津市曲艺团赴宝岛台湾慰问、交流,他演唱了传统曲目《武松打虎》。翌日,"活武松,打真老虎"的盛赞见于报端。

应长沙广播电台邀请录制了《抗洪凯歌》。市长听了,惊叹不已,当即拍板,邀请他参加湖南春晚的录制。

在天津大学演唱《二万五千里长征》，一段十几分钟的段子，竟被数十次掌声打断。演唱结束，许多大学生跑到后台，与他合影，请他签名，说："不知我们民族还有如此优秀的快板书艺术。"

他在多个省市演唱，多次接"大蔓儿"歌星的场。有几次，观众听了报幕是快板书，场子顿时哗乱。他如入无人之境，一打板，一张嘴，技惊四座，变乱为静。而每次唱完大段，必返场小段。敢接任何一位大腕的场，接了准"火"，这种情况屡见不鲜。

中国艺术节在四川省成都市举办，组委会在天津只邀请了张志宽的快板书参加演出。

在曲艺并不景气的这些年里，张志宽的快板书却唱遍了全国，还唱到了澳大利亚、美国、奥地利等。

看某种艺术是兴盛还是衰落，其标准是看有无观众，观众多寡。张志宽的快板书却能在各种场合、适合各种观众的需要，不能不称其为一种奇特的现象。而这种现象，可称为"张志宽现象"。

另外，就在今年，天津市曲艺团的相声演员刘晰宇老师也撰文对舞台上出现的"张志宽现象"进行评说："在2016年中央电视台春节戏曲晚会上，我看到了我师叔张志宽率领弟子演唱的《师徒情》，继而又在央视元宵节晚会上看到他率众弟

张志宽与刘晰宇(左)合作表演相声

子演唱的《群猴闹春》，我激动的心情难以平复。谁说快板书难'火'啦？志宽叔今年连续两次上央视春晚，还不算他在省级电视台受邀演出。71岁高龄，展现了他在舞台上积极向上、永不服老、使人震撼的艺术及精神状态。他很好地继承了'李派'快板的精华——平、爆、脆、美，更可贵的是他又创造了新的唱法：气声。他用此方法使快板书的演唱更加科学，更富感染力，更加艺术性……"最后，他认为我爸爸已形成了自己的流派——"张派"。理由是"他有传承、有弟子、有自己的艺术特点、有一套成熟的艺术理论"。

说句真心话，刘晰宇老师所说的"张派"，我真不敢苟同，在此我也劝大家：千万别这么喊。但是，我爸爸在演唱和表演上，也确实总结了一些自己的"口诀"。虽然有的"口诀"仍是在润杰师爷的理论基础上，根据时代的要求，做了一点儿补充。

# 四十二、升华了"口诀"

随着近年多元文化的交织碰撞，中国传统艺术受到了空前冲击与挑战。这其中，戏曲和曲艺首当其冲。而快板书艺术也并没有因为"年轻"而免遭厄运，其刚一诞生时的红火场面如今已荡然无存。特别是进入 20 世纪 90 年代以后，很多快板书演员或是改行或是下海，仍坚持在舞台上演出的已寥寥无几。但就在这为数不多的演员中，我爸仍坚守阵地，不仅演出不断，而且备受欢迎。

于是不少人问其"诀窍"，我爸爸说："快板书是恩师李润杰先生创立的，当年润杰老师就快板书的打板、表演及创作，总结了一套口诀。在此基础上，我在某些地方进行了升华。比如说李润杰老师多次强调快板书重在一个'情'字，'情'要表现得充分，感人肺腑，靠的是'多变'。而我认为除了唱的多变，眼神的多变也至关重要。因为眼睛是心灵的窗户，在这方面必须做到'四有'，即眼里有人、眼里有物、眼里有情、眼里有景。"

而在动作上要做到"欲高必低,欲远必近,欲快必慢,欲硬必软,欲进必退,欲动必静"。

在新的形势下,我爸爸为恩师"唱打多变"的"口诀"也做了补充,使其更加完整,其具体内容如下:

唱打多变,串成一线;叙事抒情,分节分段。

快而不乱,慢而不断;迟疾顿挫,起伏连绵。

说唱配合,关键心板;板音别吵,运用自然。

吐字发音,字正腔圆;语气声音,突出重点。

声情结合,统一对线;高而不喧,低而不软。

用气丹田,切记别喊;包袱笑料,不过不欠。

内心情感,思想总管;人物表演,看脸看眼。

各种人物,活灵活现;进入退出,分清明显。

正反人物,一刀两断;肢体语言,配合表现。

远近距离,把准视线;一招一式,切莫挡脸。

手眼身步,随遇而变;舞台定位,准而不乱。

台上台下,打成一片;感情交流,不可懈慢。

深入生活,不可间断;多排多演,反复实践。

演出结束,总结经验;肯定成绩,纠正缺陷。

振兴快板,多做贡献。

这套口诀主要是演唱、打板和表演三个方面的经验总结。我爸爸在整理这套口诀时,除了在这三个方面做了必要的补充外，还喊出了"振兴快板，多做贡献"的心声——他不想看到他搞了一辈子的快板书艺术走向日益衰落之路。

任何一种艺术形式的兴旺和衰落，都和当时社会的政治、经济情况相关。快板书要符合改革开放这种大形势的要求，艺术的改革势在必行。正因为他很清醒地认识到了这个问题，所以他才做着不懈的努力。

对于更多的理论阐述和经验总结，我爸爸近年和高玉琮等曲艺理论家及刘雷、张楠已完成了二十多万字的快板书理论著作，该书也即将由出版社正式出版发行。

我爸爸在快板书艺术上的贡献可谓有目共睹，那么在快板书艺术方面又应该如何为他定位呢？下面请看两位曲艺理论家的说法。

# 四十三、站在前人肩上攀高峰

曲艺理论家薛宝昆先生曾著文认为：

张志宽先生是我国著名快板书表演艺术家，乃快板书创始人李润杰大师之亲传弟子。他继承并发扬了乃师的平民化风格，本色、自然、率真。追求"平、爆、脆、美"的艺术境界。"平"是平实、平易、平稳，在总体趋向上是如切如磋、娓娓道来；在细节处是丝丝入扣、一丝不苟。"爆"是火爆、火热、火性，强调情节的表面张力、人物的内心冲突，以一个接着一个扣人心弦的"扣子"，传达着主旋律的时代强音。"脆"是干脆、帅脆、甜脆。情节、叙述的言简意赅，动作的简洁韵致，都使他的舞台形象潇洒俊逸。"美"是美观、美致、美德。一举手一投足都恰到好处，评书的"说口"、相声的"包袱"、西河大鼓的流畅、山东快书的谐趣，都集结、融会、吸纳到快板书的当代艺术表现之中。张志宽不愧为对我国曲艺事业做出杰出贡献的表演艺术家。

而另一位曲艺理论家刘梓钰先生则总结说：

在当今的快板书舞台上，志宽独领风骚。随着李润杰、王凤山、高凤山等巨星的陨落，志宽一下子成了这门艺术的中坚。这绝非"世无英雄，遂使竖子成名"。他全面继承了李润杰的衣钵，又借鉴、吸收了王凤山以及高凤山的某些艺术精华，将它们熔于一炉，夏夏独造，形成了自己的情深意切、豪放而不失蕴藉、炽热而不失飘逸的艺术风格。在商品经济大潮的冲击下，在激烈的艺术竞争中，他坚守阵地，砥柱中流，成为快板书承前启后的代表人物。

志宽嗓音宽厚而清越，相貌堂堂，在台上颇有人缘，无论节奏感、幽默感都十分强烈，悟性也好，常有灵感迸发……如果我们将成功比作箭靶，那再加天赋，也不过是支锐利的箭，只有用勤奋拉满弓弦，才有可能射中闪光的靶心。

志宽有幸，遇上了李润杰这位名师。李先生循循善诱，不仅将自己的精湛技艺和毕生经验倾囊相授，而且教会了他以造化为师、以其他技艺为师、博采众长、化为己用的本领。志宽深入观察生活，广结师友，一情一景，一字一句，入乎眼，进乎耳，著乎心。他就像一块海绵，尽情吮吸着各种艺术营养。古人云："异师殊说，相攻如仇。"可在他身上，各种师承，各种特色，却水乳交融，融为一体。比如：李润杰的立板和王凤山的颠板，在他的表演中就各司其职，相辅相成。

孔子曰："弗思可以得？"志宽明白：踩着别人的脚印走，就永远不会留下自己的脚印。要在艺术上有所建树，还需要不断思考，大胆求索。他总结出了设计表情动作的"六性"（准确性、时间性、模拟性、统一性、节奏性和夸张性），丰富了李润杰的表演口诀。智慧是经验的女儿，一副勤奋的头脑是一片春意融融的沃土，就是这花朵散发的芬芳。经过不断探索，他摸索出了一套适应当代观众特别是青年观众，调动生活积累和艺术积累、挖掘潜台词、塑造人物的办法……他站在前人的肩膀上，攀上了属于自己的山峰。

为此，著名快板书表演艺术家、中国快板艺术委员会副会长张文甫伯伯还为我爸爸写了一首诗：

**赞张志宽之"宽"**

快板名家张志宽，

身强力壮肩膀宽。

师从大师李润杰，

颇得真传活路宽。
勤奋刻苦五十年，
博采众长眼界宽。
无私传艺育桃李，
大江南北结缘宽。

性格豪爽行仗义，
一生忠厚待人宽。
敬老爱幼人称赞，
吃亏让人肚量宽。
乐善好施行为善，
助人为乐心地宽。
我祝师兄张志宽，
幸福生活路更宽。

张志宽与张文甫

　　除了工作之外，我爸爸在生活中，在与同事的交往中，也和其他相声、快板书演员有着一样的特点——喜欢"砸挂"。而他的"砸挂"却另有风趣。

# 四十四、自己拿自己"砸挂"

　　我爸爸是一个很"透亮"的人，"高深莫测"一词离他太远了。凡是和他一起工作过、接触过的人，都能把他从里到外看得清清楚楚、明明白白。按他自己的话说：从不藏着掖着。即便是遇到记者采访，他也毫不避讳自己的毛病，而且还自己拿自己"砸挂"。

　　有一次，《曲艺》编辑部的记者索洁采访他，一般情况下要做些准备，把自己阳光的一面或是"光辉"的事迹让人采写。没想到他先"砸"自己的"毛病"，而且讲起来还绘声绘色。他说：

　　　　我除了排练和演出，就爱玩儿麻将牌。我爱人不让我玩儿，我们关系不错，她是为我好。因为我心脏不太好，休克过。再有就是打牌的人都抽烟，我声带有结节。但我还是想玩儿。我怕她不高兴，出于夫妻间的尊重，我就编一些善意的瞎话。比如后天和人家定好了玩儿牌,就跟她说后天我上哪儿哪儿演出去。演出她不能拦着,后天一早,我提拉着箱子,里面装着快板、大褂,拎上场面桌就走了。

一直玩儿到晚上十点多才回家。上楼之前,拿出红油彩,往脸上啪啪啪一涂,搓匀了……一进门儿:"哎哟妈哟,累死我了! 你看累得我,演完了连妆都没卸。"

我爱人一开始还真信了,赶紧照顾我,给我弄吃的,挺美! 可后来这瞎话就不好使了。她问我:"演出去了,钱呢? 不能总义演吧?"这一问,把我给问住了。再去玩儿牌编瞎话说是去"演出",我就只能动用自己私下存的小金库当演出费上交。可是"小金库"没这么多钱呀?

有一次,我跟刘晰宇出门演出。演完了,我说:"晰宇,你给你婶打个电话,就说咱还有一场,咱打牌去。"别人打电话可信度高。打了一天牌,结果把演出费全输了。晰宇还"砸挂",说:"谢谢叔了!"我说:"甭谢! 把钱给我掏出来,我回去没法交差。"他乐得捂着肚子把钱给我了。因为我们是戏赌,不以输赢为目的。还有一次,编瞎话说人家那边儿的油田要增加一场演出,得晚一天回。后来我爱人一打听才知道我早就回天津了,和人家玩儿了一天的牌……

这些"砸挂",把那个记者乐得都直不起腰了。乐完了还问他："这么可乐的事,我能公布于众,让读者与我们同乐吗?"

我爸爸毫不犹豫地说："可以,没关系!在我们天津的文艺圈儿,乃至全国的曲艺圈,说相声的、唱快板的大部分人都知道关于我玩儿牌的趣事儿。写吧,这就是我真实的生活、真实的性格。我相信你能写好,不会让大家把我误解成一个爱赌博、爱说瞎话的可恨老头儿。"谈完这番话,他又说:"跟你说实话,到现在,我还是特别喜欢玩儿牌。"

得,这"砸挂"还没完了!

这些"发自肺腑的表达"在刊物上发表后,人们在大笑中看到了他的坦诚,从趣味中发现了他的可亲可爱。

其实,像这样可乐的事还有不少。例如,他有一次出国,在飞机上可了不得了。

# 四十五、飞机上制造"恐怖"

我爸爸经常被邀请到国外去演出,澳大利亚、新加坡、新西兰好多国家都去过,效果非常好。有一次,他赴美国演出,坐的是国际航班,在飞机上,人家说他制造"恐怖"活动,这是怎么回事呢?

他有一个毛病,就是睡觉打呼噜,按理说这个习惯许多人都有,可是他的呼噜跟别人不一样,水平太高了。比方说,他要是住在宾馆10号房间,那么跟他在一排的,隔九个房间的1号房间会以为是2号房间的人打呼噜了,他的呼噜就这么有气魄。

为此,他还和有共同特点的魏文亮一起去天津公安医院治疗。大夫说:"好办!可以手术,而且治好了这个毛病好处极多,不但不影响别人休息了,也提高了自己的睡眠质量,而且还可以防止老年睡眠窒息。"

他俩一商量:"做!一起做!省得出门谁也不愿意和自己一

屋。"当时他正给魏文亮捧哏，挺好！自己做手术也不影响别人演出，否则还得跟另外一个搭档商量。

那天二人一起上了手术台。结果我爸的治疗效果不明显，人家说："铁家伙也改变不了他的呼噜。"

忍着吧！这呼噜太顽固啦！

这次他们一行人去美国，得在空中飞行十几个小时，肯定要睡觉，一睡觉他就得打呼噜。同行的人都知道他这个毛病，就劝他："这架飞机上，哪个国家的、什么身份的人都有，尤其你是中国著名艺术家，不能打呼噜。"

"为嘛呢？"

"飞机上弄不好有记者，他们给你一照相，在国外报纸一宣传，不但有失大雅，还给中国艺术家栽面儿"。

"那怎么办呢？"

"好办！你不能睡觉。"

"我凭什么不睡？这么长时间我受得了吗？下了飞机还得演出，不睡不行！"

同行的人中，还真有高人，他说："我有一个高招儿。"

"什么高招？"

"你嘴里含个勺儿，咬着勺儿就打不出呼噜了"。

"这是个好办法。"

他真听话，在飞机上用完晚餐后，留下了一把不锈钢的小勺儿，结实，咬不坏。

在飞机上他一觉得困了，就赶紧把勺儿塞嘴里。这一下，他更加引人注意啦！旁边的外国人心想："这个人怎么回事？我们只见过小孩饿了含奶嘴的，这位六十多岁的老头儿怎么含勺儿呢？"

再往下看，坏了！他含着勺睡着了，可呼噜照样打，声音照常"惊天动地"，飞机上的人都在找这声音是从哪儿发出来的。合着这含勺睡觉，一点儿效果都没有。不但呼噜照常打，而且还更新鲜啦！只见那只勺，随着他呼噜的节奏，一颤一颤地直哆嗦。结果把旁边的外国人都给吓跑了，而且一边跑还一边说："哎呀！这呼噜没见过，厉害，太厉害了！这呼噜太可怕啦！"

您听这事儿有意思吧？！更有意思的是，有一次，两个"呼噜王"在一个屋里比赛，这乐儿可大了。

# 四十六、两个"呼噜王"打擂

著名相声演员刘俊杰是中国北方曲艺学校的教师，他和我爸一样，也是睡觉打呼噜。他的呼噜是什么水平呢？我举一个例子。

2000 年，刘俊杰和郑天庸、王宏等人到天津电影制片厂参与拍摄电视连续剧《江湖笑面人》。这部戏是描写旧时代相声演员虽受苦受难，但仍孜孜不倦地追求艺术的事儿。当时他们三人在天津杨柳青招待所共住一屋。

第一天，王宏跟郑天庸两人的戏拍完后，已经是晚上 8 点多了。吃完晚饭，回到宿舍聊会儿天儿就准备睡觉了。刚要睡，刘俊杰就回来了，当时快 11 点了，进屋就说："累了，累了，都累了，咱都睡吧！"

平常很健谈的他，也没洗澡，躺下就睡。三个人一屋，三张单人床，刘俊杰睡中间那张床，郑天庸睡靠近洗漱间的那张床，王宏睡在另一边的床上。

刘俊杰刚躺下这呼噜就起来了,鼾声如雷。郑天庸、王宏被他这呼噜震得是翻过来掉过去,说嘛也睡不着啦。

夜里两点来钟,忍无可忍的郑天庸就把灯开开了,说:"王宏,你也没睡吧?"

"您怎么知道?"

"你一直敲床帮呢!这好!听呼噜不算还有打击乐伴奏。这不行呀!明天还得拍戏呢,你们年轻,我这岁数可顶不住啊!"

这可怎么办呢?王宏想了想说:"我推醒我师哥,没关系,让他精神会儿,咱爷儿俩睡。今儿咱轮流值班轮流睡。"

"别!我有高招儿!"

"您有什么招儿?"

"小子,学着点儿,什么时候都难不倒咱爷们儿。"

"那怎么睡呀?"

"来!帮我抱着被子去卫生间,我在那浴盆里睡。"

"那行吗?"

"没问题。"

王宏抱着被子就去卫生间了,帮着郑天庸在浴盆里把被子铺好,就回去接着睡。大约过了一个多小时,郑天庸抱着被子又回来了:"小子,不行啊!我窝在那浴盆里睡,比在这儿还难受,睡不着不说,还光做噩梦!"

"这可怎么办啊?"

正说着,刘俊杰醒了,起来上厕所。郑天庸说:"幸亏我从那浴盆出来了,要不然就他这迷迷糊糊的,还不得给我来个

'热水浇头'呀？"

等刘俊杰从卫生间出来，郑天庸就跟他商量："俊杰呀，你这呼噜能不能稍微休息会儿，让我睡十分钟就行。"

您听听这刘俊杰打呼噜够水平吧？可山外有山，他碰着我爸爸啦。

2007年10月，北京召开全国第六次"曲代会"，刘俊杰与我爸爸一屋。两人的关系也不一般，在行内他们是叔侄，我爸爸大一辈。按相声门户说：我爸爸的师父是李润杰，李润杰的师父是焦少海（也称焦寿海），焦少海的父亲是焦德海。刘俊杰的师父是苏文茂，苏文茂的师父是常宝堃，常宝堃的师父是张寿臣，张寿臣的师父是焦德海。所以他们俩都是焦家门的人。刘俊杰对我爸爸也很尊重，但他二人还从来没在一个屋里睡过觉。

这次，这两个"呼噜王"凑到一块儿了。我爸爸是躺在床上就睡，而且一睡呼噜就响。刘俊杰一听：哎呀！这呼噜太响了，山崩地裂呀！他躺下一会儿，实在忍不住了，就摇我爸爸："叔！叔！"

他越摇我爸睡得越香，睡得越香这呼噜就越响。刘俊杰琢磨：这不是成心跟我作对吗？得！我拧他！

他这么一拧，我爸醒了："怎么回事？小子？"

"叔儿，您要咸菜吗？"

"大半夜的，我要咸菜干嘛？"

"您上这儿喝粥来啦？"

"哪儿来的粥？睡觉,睡觉！"他一翻身这呼噜又接着打上啦。

没办法,刘俊杰一宿没睡。转天白天开了一天的会,他这个困呀。

又到晚上了,刘俊杰可含糊了,他琢磨得想点儿办法:对!吃安眠药,在他睡前我就先吃下去。他看时间不早了,我爸快回来了,就把安眠药吃了。正在迷糊着,我爸回来了,他也没洗漱,躺下就睡,脑袋刚挨枕头,这呼噜声就响起来了。

正在迷糊的刘俊杰立马醒了,而且是越听越精神。刘俊杰心说:合着这安眠药根本不管用！国家真该好好管管了,到处是假货,连安眠药也造假！好！你能耐大,我跟你比！想到此,刘俊杰就冲着他那床练发声,敞开嗓门喊:"啊……咦……"

就这么着,刘俊杰整整喊了一宿,结果我爸也没醒。

转天早上,我爸起来还对刘俊杰说:"小子,你怎么回事,是不是夜里做噩梦了,总喊什么啊？"

"我做噩梦?我是睡不着觉！"

"没事,你主要是还没习惯,你看你婶跟我快四十年了,现在一点儿事儿都没有。"

"我习惯得了吗？"

到了第三天晚上,刘俊杰心想:咱谁也别睡了！他把屋里所有的灯全打开,电视音量也调到最大。可我爸回来后仍是照睡不误。夜里四点多钟我爸醒了,方便以后回来还问:"你怎么还不睡啊？明儿还得开会呢！"

"您可真关心我,不能睡!"

"为什么?"

"您躺着,我不得在这儿给您守着点儿吗!"

"给我守灵啊?"

"没有!没有!我只是说守着您睡!"

"快睡吧!快睡吧!"他又呼噜上了。

第四天会开完了,该走了,早晨大家都忙着收拾东西。我爸退休以后住在北京,收拾好东西后跟大家告别。大伙儿有的帮他拿行李,有的送他,刘俊杰肿着两只眼睛从屋里也赶紧出来了,说:"叔儿,您慢走。等您百年之后,我要是不看您去,您可别怪罪我啊。"

"嘛意思?"

"这四天我已经尽孝了。"

"噢!还是给我守灵呀?!"然后我爸跟大伙说:"逆子呀!"

大伙这个乐呀!

演员之间互相"砸挂",谁也不见外。有时,"砸挂"还能考验一个演员的基本功。

# 四十七、考验魏文亮

相声行内有一句行话,叫"越了"。什么意思呢?就是舞台监督在后台发现台上的演员要演的节目或"包袱儿"前场的演员已经演过了,便马上对台上喊一句"越了"。台上演员听见后,就得马上换节目或换包袱儿。而这一句"越了"即便是前排观众听见了,也不知道是怎么回事,这也是行话的一个积极作用。如果没有这个行话,舞台监督一掀幕帘喊:"别说了!你这段前边演过了!"台下观众非得退票不可。

尤其是过去计时收费时,相声场子从下午一点开始,一直演到晚上十点,中间不休息。演员们你来我走轮番赶场,都不知道前头演了什么。怎么办呢?这些事,就由舞台监督负责,他一听台上演员入活,就能知道演员要使什么活,如果跟前面重复了,就喊一句:"越了!"

因为这个"越了",还有一段演员互相"砸挂"的故事。

著名相声演员田立禾在相声圈里辈分大, 他是张寿臣先生的关门弟子。而另一位著名相声演员魏文亮则比田立禾矮一辈儿，得管田立禾叫师叔。可是田立禾从不充大辈儿，他和魏文亮他们几个人拜了把兄弟，像李伯祥、王文进、姜宝林这些演员，就成了哥们儿。

这几个演员关系好，也经常开玩笑。当时的剧场小，后台能够和台上直接做交流。那天，正赶上田立禾计划使《夸住宅》，他在前头有垫话，铺平了之后，田立禾就问捧哏的："您家在哪儿住？"——马上要入《夸住宅》了。

没想到，魏文亮在后台喊了一句："越了！"

田立禾想有人喊"越了"，我就不能再使《夸住宅》了。他马上从《夸住宅》转，把话往回拉，转到了《报菜名》。眼看要入《报菜名》了，魏文亮又喊了一句："越了！"

"又'越了'？！"田立禾心想。"哦！这段活之前也有人使了，那我还得改……"于是又把话拉回来，想转《文章会》。眼看入《文章会》了，后台又喊："越了！"

"怎么还'越'呢？！"田立禾有点急。对于相声演员来说，铺平垫稳，然后再入活，这个过程难度相当大，尤其是从一个活转到另一个活。但没办法，谁让人家前边都使了呢，转吧！那我就入《打灯谜》吧！田立禾这么想着就开始转，没想到刚一改口，后头又喊："越了！"

田立禾这时候干脆就说："都'越了'，那你们上台来演吧。"他在台上翻了一个包袱儿。当时剧场小，有的观众也听得见台后说话，而且台底下很多观众也都知道"越了"的意思，于是全场大笑。

下了台,田立禾才知道是魏文亮拿他找乐儿。

其实在这方面,魏文亮有一个优点。演出时,前头只要有相声,他就都听一遍,这样到他攒底时,就绝对不会出现"越了"的事情了。

有一天,魏文亮攒底,他把前头所有相声节目都听了一遍,心中有底了。到他上场了,效果非常好。正活使完,观众鼓掌,他便上台返小段。刚要入"追柳",也就是互相比唱歌的节目,就听后台负责舞台监督的刘晰宇喊了一句:"越了!"

魏文亮心想:谁演这段了?我怎么没听见呢?没办法,得听舞台监督的。于是他赶紧用话往别的小段上拉:"您看现在马路上小姑娘穿得都多漂亮啊?"

刘晰宇一听,他要演"一步裙上汽车",马上又喊了一句:"越了!"

魏文亮一听,"怎么这个也'越了'?"改紧又改:"那天我看见一个小伙子有点儿奇怪⋯⋯"

刘晰宇知道,他要入《买乳罩》,便又喊了一句:"越了!"

啊?!又越了?魏文亮在台上的汗可就下来了。怎么我使什么活什么活越?太难了!从一块活转到另一块活,语言还得通顺,不能让观众听出破绽。他心里着急,但脸上还不能露出来。仗着他会的多,临场应变能力也强,终于演了一个后台没喊"越了"的小段。但一下场他就急了:"刘晰宇,你给我过来!你怎么回事?"

"您'越了'。"刘晰宇回答。

"不可能,头里的活我都听过了,怎么能'越'呢？"

"是'越了'！"

"怎么'越'的呢？"

"刚才张志宽演快板,返场演了仨相声小段！"

啊！这可把魏文亮气坏了,他冲我爸爸大喊:"你唱你的快板不就得了,返场说哪门子相声？"

我爸爸还成心气他:"我看看你有多大能耐！"

"还能耐？我差点儿在台上'弹弦子'！(即半身不遂)"

这下可把大伙儿乐得够呛！

曲艺演员在台下,能把许多不愉快、难为情的事,通过"砸挂"变成趣事。您知道我爸在学徒时有个外号吗？这个外号又是怎么来的呢？

# 四十八、爸爸的"外号"

我爸学艺时有个"外号",这个"外号"现在许多同仁回忆起来还津津乐道。外号叫什么呢？叫"老绝"。为什么叫"老绝"呢？这还得从我没出生时讲起。

1964 年天津市曲艺团的"四清"工作开始了,我爸所在的青少年训练队,全部到天津东郊新立村接受劳动锻炼。当时他们都是十几岁的青少年,除了参加农业劳动之外,生活枯燥难挨。稚气仍存的年龄,怎么充实自己的业余生活呢？在小伙伴中,我爸成了大家的"偶像"。因为他有一绝技,就是能在农村的河沟里钓蛤蟆。这既好玩儿,又有趣儿。他用一根三弦上的"老弦"拴上蚂蚱等活物,往坑里一扔、一提,就能钓上一只蛤蟆。这技术太绝了！所以小伙伴中的王佩元等人就给他起了个外号,叫"老绝"。

"四清"运动在青少年中能"清"出什么呢？领导有办法——"为什么你们乱起外号？得说清楚！赶紧坦白！"

好么！这也是一"清"？！我爸赶紧说："'老绝'是我钓蛤蟆的技术绝，没别的意思。"

"谁叫大头？"带队的领导集合全体学员追问。

王佩元赶紧站出来说："报告，我叫大头。"

"你为什么叫大头？"

"我脑袋大，他们管我叫大头。"

王佩元"坦白"后，同学们哄堂大笑。

"这些外号都是谁起的？"

没人揭发。僵持了一会儿，队领导宣布："凡是叫别人外号的，围着操场跑十圈！"

结果我爸、王佩元、马健、赵伟州等一堆人被体罚。十圈跑下来，把他们累得晚上一上床就都爬不起来了。半夜有一姓胡的上厕所，开洼野地他出去害怕，便喊："老绝！老绝……快！陪我尿尿去！"

张志宽(后排左一)与马志明(后排右一)、王佩元(前排左一)、赵伟洲(前排中)等合影

我爸累坏了,迷迷糊糊地说:"累死我了,你喊'大头'吧!让他陪你去!"

第二天早晨集合,队领导问:"你们谁又喊别人外号了?自己站出来说清楚。"

我爸一琢磨,是不是有人揭发我啦?!于是他赶紧站出来说:"我犯错误了,是迷迷糊糊顺口喊的!"

"这说明你的潜意识里就有乱七八糟的东西,罚二十圈跑步!"

妈呀!太厉害了!同学们看着都心疼。跑完了,也下课了,大伙都过来安慰我爸:"走!散散心,我们陪你钓蛤蟆去。"

那天天公作美,小动物好像也在安抚我爸爸,他钓的特别多。当他们高高兴兴往回走时,队领导派人把他们拦住了:"谁让你们去钓蛤蟆啦?回去写检查,蛤蟆全没收!"

没招儿!这几个人都回宿舍去写检查了。写完后他们开始琢磨怎么才能不叫外号呢?有人出主意说:"咱们去食堂的路上,每个人都把饭票的一角儿含在嘴上,不说话,老师一看都闭着嘴呢,就知道咱没喊外号。"

到了中午,他们排着队,每人嘴里都叼着一张饭票去食堂了。这时一位女同学跑过来说:"你们早晨钓蛤蟆去了?"

"对!"

"蛤蟆呢?"

"让领导没收了!"

"放心吧!你们把饭票从嘴里拿下来吧!领导不会管你

们啦！"

"为嘛？"

"你们往厨房里边看！"

大伙偷偷地往食堂里间屋一看，是没人管咱了，食堂管理员与队领导们正在里边吃田鸡腿呢！嘿！便宜这些人了。

这时我爸"砸挂"说："弄了半天，他们比我更绝！"

从此"老绝"这个外号就归他们了。

"砸挂"是曲艺演员每天都离不开的趣事儿，即便是出了差错，大家也忘不了"砸挂"。

# 四十九、为什么失误

"文革"初期,极"左"思潮泛滥,单弦牌子曲中有一个曲牌叫"太平年",不行!阶级斗争要年年讲、天天讲,怎么能"太平"呢?改名!于是将"太平年"改成了"反修年",将曲牌"欢庆锣鼓"改成了"战斗锣鼓"。

相声不让说了,常宝霆、徐德魁与两名女鼓曲演员上台演"三句半"。常宝霆腰上系个鼓,一会儿左手一会儿右手地连比画带打鼓。天津市文艺领导小组审查完节目直喊"好!"

没办法,虽然那时打倒反动权威还没开始,但老艺术家们已经人心惶惶了。朱相臣、苏文茂、宋东安和弹三弦的陈鹤鸣四人演山东柳琴《四个老汉庆丰收》。一上台四个老头就摇头晃脑、浑身颤动地表示高兴,一直颤到节目结束。台下观众就问:"怎么啦?这四个人都喝烟袋油子啦?!"

我爸爸和马志明演对口词《小小针线包》,伸胳膊蹬腿的还都挺认真。

后来有一个节目还产生了轰动效应。当时杂技团的演员没事干,没有政治内容的魔术杂技不能演。有一次,演"爬杆"的演员出了个主意——爬杆演员爬到杆的顶尖,演员双腿夹杆,双手展开一幅标语:祝毛主席万寿无疆!太棒了!谁说我们杂技没政治内容,让你们曲艺演员看看,这才叫"牛"!

演出时,这哥几个真卖力气。各种高难度动作做完以后,一打标语,坏啦!太紧张了,"疆"字没出来。下场后挨了一通斗。

我爸爸也给杂技演员出了个好主意,演塑像诗《关成富》。关成富是劳动模范,死在了讲台上,是当时歌颂的榜样。我爸爸让杂技演员在台上扮成十几组塑像,随着台词内容的变化,各组塑像变化造型。这样杂技演员也不用说话,还能体现杂技演员的功力。大家都说好,可是杂技演员不够用的。我爸爸是这个节目的导演,他自告奋勇说:"短一个'二阶人',我来!"

"二阶人"就是站在另一个杂技演员(行话叫"底座")肩上的人。当时"底座"是弹三弦的刘玉玺的爱人韩爱珠,她功夫好,是杂技团的尖子演员。她说:"志宽,放心,我的'底座'你上去就跟站在平地上一样,上!"

还真不错,我爸爸踩着韩爱珠弓起来的一条腿,一纵身,还真站在她肩上了。但是第一次光着脚站到人肩上,还找不着"范儿",结果他晃了两下便掉下来了。

王佩元马上"砸挂":"你知道什么原因吗?"

"什么原因?"

"你光着脚,韩爱珠左边一闻,太臭,右边一闻,半年没洗脚,干脆让你下来吧!"

所有站在"底座"上的"二阶人",全乐得掉下来了。再演的时候先问我爸:"洗脚了吗?"

演员之间互相"砸挂",似乎是茶余饭后的常事。过去白全福师爷有一句话:"宁丢金山,不让'包袱儿'"。意思是说相声演员一定要看重"包袱儿",互相之间"砸挂",也是锻炼、掌握"包袱儿"尺寸、火候及随机应变、反应快慢能力的一种形式。所以"砸挂"不分长幼,关键看"包袱儿"怎么样?除了"砸挂"以外,演员之间有时还要互相说"行话"。有一次,我爸爸因为说"行话"把大伙儿给逗乐了。他说了什么呢?

# 五十、说"行话"逗乐儿

　　曲艺界有"行话",又称"春典"。旧社会艺人跑江湖时,必须会说"春典"。一是为了保护自己;二是能认识自己人,互相有个帮助;三是演出时遇到情况,用"春典"互相提个醒儿。过去演出是"零打钱",也就是说一段一要钱。如外面要下雨,后台管事的就得用"春典"提醒台上的演员"摆金""马前打杵"。"摆金"是下雨,"马前"就是快点儿,"打杵"就是敛钱。否则观众知道外面下雨都往家跑,谁也不给钱了。

　　我爸爸他们学徒时,正是破除"封建余孽"期间,当时老艺术家之间没人说"行话",也没人教"行话"。但自从三十余年前承包"走穴"开始,演员们为了自己说话方便,就又开始说"行话"了,而且还越来越甚,似乎不会说"行话"就不是正宗门里人。甚至"行话"都成了以讹传讹的公众语言。

　　如"走穴"一词,过去是行话,现在连新闻媒体都用,但这就是以讹传讹。常宝华老师讲过:"走穴"的"穴"字不对,应为

"走旋儿"。北京人管小孩脑袋上转圈的头发叫"头旋儿",意思是图吉利。因此旧时演员们无止境地围着城市、乡村转着圈地演出便叫"走旋儿"。"穴"当什么讲?大坑,都走坑里去了,那演员们受得了吗?再如"大腕儿"的"腕儿"也不对。艺人应叫"蔓儿",意思是我们有"枝蔓儿",用艺术"蔓儿住人",有名的艺人就叫"大蔓儿"。

您想连媒体都用错字了,演员之间传的谬误就更多了。如有一部队转业说相声的,怕人家说他"半路出家",就满嘴的"行话",不会就瞎编。有一天,别人问他:电视机叫什么?他张嘴就来:"叫'把合光子'。"然后他还给人解释:"'把合'就是'看','光子'就是'电视'。"那天正好白全福师爷在场,旁边就有人问:"白先生,他说的对吗?"白全福师爷说:"别挨骂了!那会儿有电视吗?"

我爸爸对"行话"知道的太少了,都赶不上刚学徒的学员。他的精力也不在这儿,他认为"行话"没用。

有一次,他应河北省曲艺团快板书艺术家常志伯伯之邀,去石家庄演出。演出完了,他悄悄地问了一句常志:"什么时候挡杵?"

旁边演出公司的人马上说:"马上给钱!"

"你也懂?"

"这谁不懂呀?"

"好么,我还想悄悄地问,不让你们知道是嘛意思呢。"

大伙儿全乐了。

　　还有一次，演员们一起坐大轿子车赶场，他想跟管后勤的布置下车赶紧给大伙儿安排饭。可他一看，接待单位的人也在车上，就用"行话"对管后勤的人说："饿得我们都'瓢'了。"

　　满车的演员乐得捂着肚子都直不起腰了，因为"瓢"了就是"饿"了，说"瓢"就不能再说"饿"了，您都把"饿"说出来了，还要"瓢"干嘛呀！后来好多人都拿"饿得我都'瓢'了"对他"砸挂"。他自己也觉得挺哏儿，还跟着一起翻"包袱儿"："我还不如直接说饿了呢！"

　　我爸爸在"砸挂"和"现挂"上，最佩服的是马三立大师，也经常给我讲马老经典的"砸挂"和"现挂"。他说"砸挂"和"现挂"不仅锻炼演员的应变能力，知道"包袱儿"的结构、技巧，更重要的是还能看出一个演员的素质和境界。他给我讲了下面两段故事。

# 五十一、马三立的"现挂"

相声演员在台下随即抓哏,叫"砸挂";在台上临时抓哏,叫"现挂"。"现挂"比"砸挂"难。因为"现挂"不但要求相声演员面对突然发生的情况能及时应变,做出语言反应,而且还要有品位、有质量、有内涵,使观众在"现挂"的笑声中领悟到一定的知识或道理。在这方面,谁也难超越马三立大师。

我爸爸在天津市曲艺团任副团长期间,天津市监狱局领导提出,为了有利于犯人改造,能否请演员到天津玛钢厂给劳改犯人讲课和演出,并提议请马老一起去。我爸爸征求马老意见时,马老欣然应允,并问我爸:"我上台讲什么?"

我爸爸知道马老是谦虚,就说:"您肯定心里有数。"

马老一上台,就开始抓"现挂",而且是"楼上楼"式的"现挂":"我今天是干什么来的呢?不是代表市人大和政协视察来的,大家都知道我是市人大代表、河西区政协委员。不是,我是代表你们的家长看你们来的!"

老人家情真意切,没有歧视犯人,而且是以犯人家长看望自己孩子的口吻讲话。就这上台第一句"现挂",立即获得热烈掌声,不少犯人还因此落了泪。因为有的犯人自从进了监狱,家长从未来探视过。紧接着,马老又用了一个"楼上楼"的"现挂":"我看自己的孩子不能不带东西啊!快过年了,我送给你们一副对联,上联是'此地不可不来',什么意思呢?你们犯罪了,这个地方不可不来;下联是'此地不可再来',出去了就不要再回来了;横批是'永远不来'。"

掌声更加热烈了。监狱局的领导后来说:"马老的一席话,胜过我们管教干部的所有教育课,许多犯人都写了决心书,争取用行动减刑。"

这就是"现挂"的作用。这也是马老的魅力。

还有一次,我爸爸邀马老去天津华联商厦演出。马老一上台,就先拿我爸爸抓了个"现挂",他说:"志宽叫我给大家说段小笑话,我特别高兴,他邀我来,我也愿意来。为什么呢?我喜欢他,我对他说过:'你拜我吧!当我徒弟,我们这行讲究辈分,师徒如父子,当我徒弟就是我儿子。结果他说相声拜了白全福,矮了我两辈儿,你说说,他不愿意当儿子,非得当孙子。"

这个"现挂"是个大"包袱儿"。接着马老又说:"虽然在业内他是我孙子,可我还不能小瞧他,为什么?因为他是我的入党介绍人,入党比我早,我还得尊重他。"

这个"现挂"不但把现场气氛调节得欢快热烈,而且还间接在企业中为我爸爸"扬蔓儿"。虽然马老是拿"大辈儿"入的活,用"愿意当孙子"找的乐儿,可最后老人家还不充大辈儿,与晚辈之间互相尊重。

马老知道我爸爸除了打牌之外还喜欢喝一点儿小酒,总是说:"上我那儿去,喝点儿酒。"因为马老一辈子不打牌,偶尔能喝点酒,所以他愿意我爸去他那儿喝酒。

谈起喝酒,我爸有时也出笑话。什么笑话呢?

# 五十二、练"气功"

我爸爸是个谁有困难都帮的人，可以说和他一起工作过的人，没受过他帮助的太少了。天津市曲艺团快板书、相声名家刘晰宇老师曾说："他曾先后任曲艺团演出队队长、副团长、曲协秘书长、曲协副主席。当领导肯定众口难调，在工作上会得罪人，因此有个别人在背后嘀咕他甚至当面骂他，他从不计较，甚至当骂过他的人求他办事时，他仍照办不误。不计前嫌，豁达大度，办事干脆，性格豪放，待人热情，有板有眼，是他的特点。在酒席桌上，他大杯喝酒，豪放不羁，是一位不掺假的纯爷们儿！"

刘晰宇老师的语言虽朴实，但确实说准了我爸爸的性格。他为了给单位拉赞助，与企业家见面，就得喝酒。为了让别人喝好，往往自己就喝多了。这可就苦了我妈妈啦！也苦了他自己。

"帮人办事没关系，一点儿酒不让你喝也不可能，但咱少喝点儿行吗？这个岁数了，应该控制自己啦！"我妈妈总是这么嘱咐他。但没用，他还总说："酒品就是人品。"

有一天，他为了给单位拉赞助，又喝了不少酒。那时我们家住在天津市南开区华苑碧华里，是个跃层。那晚他到家后，想在楼下先歇会儿，一是怕吵醒楼上的我妈，二是想醒醒酒劲儿。但没想到，酒劲儿一上来，他便在地毯上睡着了。怎么睡的呢？他两手扶着沙发，两腿"劈叉"就睡着了。也不知过了多长时间，在我家帮忙的三姨夫起来去卫生间，看到此景，吓了一大跳，忙叫醒我三姨，二人摇醒我爸问："哎！姐夫！您这是干嘛呢？"

这时我爸也醒了，低头看看自己的"造型"，忙说："没事！没事！练练功！"

"什么功？60岁了，还练'劈叉'？"

"气功！你不懂。搀我起来，睡觉，别跟你姐说啊！"

没过两天，我爸跟我妈说："不知怎么回事，这两天我的腿疼得越来越厉害，怎么走道都费劲了呢？"

"啊?！咱赶快看看去！你怎么不早说呢？"

他们先去天津医院，那是天津骨科的权威医院。我妈原先在这家医院的药房工作过，找专家、拍片、会诊，折腾个够，可结果是：骨头没事！

"不行！还是疼。"出了医院大门，我爸咧着嘴说。

又找别的医院看中医，怕是风湿寒痛。但跑了好几家，公家、私人的全找了，仍没查出毛病。

回到家他们更害怕啦，是不是疑难杂症呢？他们就商量要去北京找专家，恰在此时我三姨夫回来了，听了事情经过，他说："嘛疑难杂症？别是那天您喝多了，自己练'劈叉'练的吧？"

"啊？！练了多长时间？"我妈全明白了，忙问。

三姨夫见事已至此，只得实话实说了："最少俩小时！"

这时我爸也想起那晚的事儿来了："嘿！我怎么把这茬儿给忘了。这几天白折腾了！"说完他站起来踢了两下腿，顺势还做了个"卧鱼儿"。您别说，这病从此就好啦。

病好了，酒当然还得接着喝，结果这回喝出"洪水"来了。

# 五十三、醉酒"抗洪"

有一次，我爸一晚上赶两场酒席。在第一场酒席上，他没喝太多。因为这是临时攒局，不去不合适，一大高脚杯酒一口喝掉，表示诚意后，他骑上木兰轻骑就走，那时还不兴"打的"。

到了一个十字路口，他伸出左手示意拐弯，警察把他拦下了。那时还没有严格的严禁"酒驾"制度，他心想我没闯红灯啊？便问："怎么啦？"

警察说："你左手比画嘛？"

"我拐弯儿！"

"你摩托车上的转向灯是干嘛的？"

"对了！我跟你打个招呼，我这人讲礼貌。"

"有这么客气的吗？哦！是张志宽张老师！以后您甭这样讲礼貌了，太危险。快走吧！"

"谢谢！"他骑着轻骑又去喝酒了。

第二场酒席结束了。高兴，赞助谈妥了，酒也没少喝。同行的戴志诚、王宏说："您喝得太多了,咱找个地方休息会儿再走吧?"

"行!这儿离白全福老师家近,去那歇会儿。"

在白师爷家躺了一个多小时,我爸起来说:"你婶不放心,赶紧走。"说完他跨上轻骑就走了。

骑了二十多分钟,我爸一抬头:"哎!戴志诚,我怎么又碰见你了?"

"嘛碰见?我这是刚从白老师住的胡同里出来!"

"啊?!我又骑回来了!"

"得!我送您回去吧!"

到了家,我爸直奔浴室。他心想,洗个澡,清醒一下就睡觉。

第二天早晨,我爸一睁眼,看见我妈正坐在澡盆边儿上"运气"呢。他再看自己,在澡盆里和衣而卧,澡盆里倒是没水,但身上衣服却湿漉漉的。他还"砸挂"呢:"你欣赏我干嘛?"

我妈急了:"你知道你一晚上折腾成什么样儿了吗?"

"嘛样儿?"他一点儿都没想起来。

"你放水洗澡,我喊你你没言语。我赶紧过来看看吧!一看你穿着衣服在满澡盆的水中睡着了。我怎么喊,你都不醒,两手还在水里瞎划拉。"

"我怕扰醒你,就在这儿就和了一宿。夜里做梦,还在背'抗洪凯歌'呢!"

"拿澡盆当防洪堤了?"

"是啊。呦！我这衣服全湿了。你怎么不把我扶起来呀？"

"我扶得动吗？扶一回你往下出溜一回，我怕磕你脑袋，又怕水把你呛着，干脆把水放了，在这儿守着你得了。"

"哎呀！对不起！我喝多了！"

"甭对不起，你蜷那儿不难受吗？！"

"对！我就甭躺着了！"他还"砸挂"呢。

您说这事儿可乐吧？有时候王佩元伯伯经常念叨一些他们年轻时可乐的事儿，从中也能看到曲艺演员在生活中与别人不一样的睿智和幽默，回忆起来，颇能增加情趣儿。

# 五十四、四个"墩布"

这个故事是王佩元伯伯讲的。

在我爸结婚的第三天,王佩元、常宝丰、戴玉民三人晚上演出结束后说:"志宽! 得庆贺!"

"庆贺嘛?"

"你结婚呀!"

"结婚典礼不都庆贺完了吗? 喜酒也都喝了。还庆贺嘛?"

"不! 今儿庆喜三。"

"喜三?"

"对! 结婚三天庆喜三。"

"有这个例儿吗?"

"例儿是人立的,以后从咱们说相声的开始,结婚三天庆喜三。"

"没听说过。那怎么庆贺呢?"

"玩儿扑克!"

"啊？玩儿扑克？不行！我得回家！敢情你们都光棍一条，我媳妇儿还等着我呢！"

"不行了吧？娶媳妇忘了哥们儿？这叫嘛？"

"这叫见色忘义。"大伙跟着起哄。

"别瞎说，不就玩儿一会儿吗？来！"

别人一呛火，他的义气劲儿又上来了："怎么玩儿？"

常宝丰说："看见这大杯了吗？谁输了谁喝一杯凉水。"

"行！看谁喝不动了！认栽。"

"好！"

四个人一玩儿玩儿到半夜，你一杯，我一杯，每个人都喝了几十斤水，一个个撑得直翻白眼儿。厕所可忙了，刚开始时，是一个人一个人的去，后来只要有一个人说"撒尿"，四个人一块儿往厕所跑！到最后四个人见水就想吐。

"坏了！有晕车的、晕船的，我现在开始'晕水'了。"

"有怕刀的、怕枪的，我现在'怕水'了。"

到这个程度了，四个人还"砸挂"呢。

"不玩儿啦！我得回家！"我爸站起来要走。

"不行！没分出输赢，不能走！"王佩元拉着我爸说，"咱不喝水了，改贴纸条吧，谁输了，脑袋上贴一张纸条！"

他们拿来一堆废报纸，撕了一堆长纸条，又开始玩儿上了！您想这些人平常都是爱"砸挂"的，贴纸条能客气吗？撕得一张张大长纸条专往对方脑门儿上贴，得盖住眼。

玩儿了一会儿，一个个就受了罪了，眼全让纸条盖上了，抓牌、看牌、出牌得用一只手先把眼前的纸条撩起来。就这样，他们还没忘"砸挂"。

"咱这不错，跟慈禧太后似的，整个一个垂帘听政。"

"出去上厕所，得喊着点儿，否则能把对方吓死，以为诈尸了！"

天亮了，练早功的演员们陆续到了。他们推门一看，全乐趴下了，这四个人脑袋都不是脑袋了，四周全贴满了纸条。这时我爸爸"砸挂"说："别乐！我们用脑袋打扫卫生了，没看见四个'大墩布'吗！"

大伙儿更乐了。

演员台下"砸挂"，是为台上的"现挂"打基础，有人说："相声演员必须会台上抓'现挂'，快板书演员无所谓。"这话可不对，演出时，什么情况都遇得上，快板书演员也必须能抓"现挂"，而且还要会接"现挂"。

# 五十五、巧接"现挂"

我爸爸是快板书与相声"两门抱",以快板书为主,同时也表演相声,相声以捧哏为主。他先后为赵伟州、马志明、刘晰宇、魏文亮等诸多演员捧过哏。他也要求自己的弟子,除了快板书之外,也要学一点儿相声,因为快板书中也有"包袱儿"的运用。有了相声的功底,在表演快板书的"包袱儿"时,就能驾轻就熟。但是相声的"包袱儿"是两个人使,有逗有捧,快板书是一个人抖"包袱儿",从这个角度说就更难。同时,快板书演员在巡回演出中,遇到突发情况,也要会抓"现挂",能接"现挂"。

有一次,在一个旅游风景区演出。孟凡贵老师做主持,我爸爸和他的弟子王文长表演《立井架》,效果好极了,连续翻了两个小段。孟凡贵怕我爸累着,所以在第二个小段翻完后,迎着掌声上场了。这种情况下,有时观众的掌声就压下去了,听主持人报下一个节目。但没想到,这回观众的掌声不让孟凡贵张嘴。我爸一看这情况，马上又上去了。孟凡贵也非常有经验，为了不使自己尴尬便拿我爸抓个"现挂"："《立井架》这个节目是快板书创始人李润杰先生创作的。当年由李先生和他的得意弟子张志宽演唱，曾引起轰动。今天李先生已经逝世16年了，张志宽和他的徒弟王文长再一次演唱，又引起了轰动。李润杰先生让诸位给听走了，现在改听张志宽了，您就听吧，听一回少一回了！"

张志宽与相声演员孟凡贵

孟凡贵抖的这个"现挂"，可以说是"包袱儿"的一半，这完全看我爸爸如何接了。接住了，"包袱儿"才算完整。此时就听我爸爸紧跟着翻"现挂"："我要死呀？"

马上这个"包袱儿"就响了。孟凡贵在观众的笑声中，小声说："翻得好！不愧是说相声的。"

您想，如果不翻这句，这个"包袱儿"顶多就是"小龇牙"，一翻，就成"大雷子"了。

翻完这个"现挂",我爸还没完,又紧接着使了个"楼上楼"的"现挂"。他先用自嘲的语气说:"是啊,我是唱一回少一回了。"随后,他又说:"不过只要观众愿意听,我就唱。您一鼓掌,我就唱,再鼓掌,我还唱,累死就当睡着了。"

这时的"现挂",换来的不仅仅是笑声,还有观众热烈的掌声。

这是舞台上的"现挂",舞台下的"砸挂"在不同场合也有不同类型,其中有一种是自我解嘲型。

## 五十六、"砸挂"解嘲

有一位唱快板书的演员叫李刚,2008年在平顶山参加全国煤炭行业曲艺培训学习班,见过授课的我爸。他曾说:

看到他的时候,很激动,觉得这辈子能有机缘,能这么近距离地和张先生接触,真的是太难得了。他给我们讲课的时候,一个动作一个表情,一个眼神一个板式,讲得都非常细致,他那平易近人的话语,出神入化的表演,都深深地印在我的脑海里。当时我想,如果有一天能拜在张先生的门下,是一件多么幸福的事情。

2015年,一次偶然的机会我向我的山东快书师父李鸿民先生说出了想法,他说:"我可以帮你推荐一下。"第二天,一个亲切而久违的声音:"喂!李刚吗?我是张志宽,李先生已经和我说了,两个月以后我去邯郸办点事情,我们相互学习交流。"

激动万分的我掐着指头算日子,和张先生再次见面的机会终于盼到了。那天天气很热,我在车站接上张先生已经是晚上8点多了。我和张先生还有几个朋友一起吃完饭,安排好住宿,已经是夜里11点半。到了房间,给张先生冲了一杯茶,张先生说:"来吧,你先给我唱一段。"当时我记得非常清楚,唱的是《孙悟空三打白骨精》,刚唱了一段,张先生就喊停,说这里边的人物应该怎么把握,手应该怎么做,步子应该怎么迈,眼应该往哪看,句头怎么唱,都一一进行了讲解,然后叫我继续往下唱。就这样,一段一段地唱,一段一段地教,直到凌晨1点半才把这段教完。张先生连连打着哈欠说:"就到这儿吧,回头你慢慢消化。"说完躺在床上就睡着了。看着睡熟的张先生,我心里特别的感动,小心翼翼地给他盖上了夏凉被,又给他倒上一杯水放在床头,这才关灯睡觉。第二天早晨,张先生6点多钟就醒了,我也赶紧起来,邀张先生出去吃早点。张先生摆摆手说:"我这次来,时间太紧张了,上午还得去办点事情,早餐就不吃了,咱们继续聊活。"说着话,我们又聊起了《武松打店》。刚聊了个开头,张先生说要先上个洗手间,往马桶上一坐,接着话题往下聊。我一边听,一边在屋里做动作练习,他突然说:"你刚才的方向整错了,人物的出场,从哪儿出,到这儿的位置还得在哪儿，方向该往哪儿指，还得往哪儿指，另外，动作也不对。"就这样，从他对段子的体会和理解，对人物的把握，表情的刻画，场面的布置，站位的角度，语言的层次，声音的高低，眼神的摆放等等，一一说给我听，说到激烈的时候，他还坐在马桶上给我示范，这一讲又是一个多小时，等把节目讲完了，张先生这才想起来，说："我还在洗手间哪，你关上门，让我先解决一下。"然后还"砸"了一"挂"："光顾上头忘了下面了。"这就是我敬仰的艺术家。

这是我爸爸给学生讲课时的笑话，而他在演出中也有许多不平凡的事。

# 五十七、演出之险

上边防，去前线，赴油田，到林区，凡是艰苦危险的演出地方，我爸爸总是抢着去。

1985 年 5 月，我爸爸随全国青联慰问团第一批去云南老山前线慰问，他坚持要去离敌人最近、最危险的猫耳洞演出。当时阴暗潮湿的猫耳洞里有 6 位穿着迷彩服的解放军官兵，其中一位排长是天津老乡，头年才结婚，婚期未满就到了老山前线。交谈中，他一口天津话地对我爸爸说："已经听了一段了，赶紧走吧！这里很危险。"我爸爸不听劝阻，又为他们六个人唱了一段。

出了猫耳洞，他看见不远处站着一个小战士，就奔过去说："你辛苦了。"

小战士说："您是慰问团的张老师吧？昨天我看了您演的《劫刑车》，真棒！"

"爱听？"

张志宽(左三)随全国青联慰问团在老山前线慰问

小战士答:"爱听!"

"好!你爱听,我再给你唱一段。"我爸爸掏出竹板就要唱。

没想到,小战士说:"不行!您快走!这儿太危险。"

原来这是一条山路的拐弯处,路的一边是山,另一边是悬崖,运送军用物资的汽车要经过这里,就必须有人在此值勤指挥,否则汽车就有掉入山崖的危险。另外,这地方没遮没掩,就在敌人的眼皮底下,敌人随时会往这儿打炮开枪。

我爸爸听明白后问:"你在这儿就没有危险?"

"有!我不怕。"

"你不怕,我为什么怕?"

看着20岁出头的小战士,我爸爸眼里含着泪,掏出板,为他一个人唱了一段《大实话》。

小战士笑了,是含着眼泪笑的。

后来慰问团团长知道这个事后,问我爸:"你不后怕吗?"

我爸爸说："人家战士不怕死，我们慰问团的一听说危险，跑了，还不把慰问团的脸都丢尽了？"

回到天津后，邀请他做报告的人蜂拥而至。三个月内，近百场报告，从工厂、机关，到部队、学校，他几乎每天都在宣讲着英雄们的事迹。咽喉肿了，嗓子哑了，他无怨无悔。他曾说："每做一场报告，既教育了别人，同时自己又受到了一次爱国主义教育。"

这一年，他被评为天津市文化系统的优秀共产党员。

1990年5月，我爸爸和赵伟州两人接到任务，去南海舰队慰问海军官兵。他除了唱快板书之外，还要给赵伟州"捧"相声。他的快板书及与赵伟州合演的新相声《南海情》，受到战士们的热烈欢迎。在基地、雷达站及军舰上，有时能隐约地看见天空上的敌机，战士们不在乎，他俩的演出也没停过。

有一次，遇上了大风，军舰剧烈地颠簸，我爸爸呕吐不止，胃里的食物都吐净了，又吐胃液。不一会儿，风停了，浪静了，军舰平稳了，他的竹板又响起来了。海军官兵们看到脸色苍白、面容憔悴的他，忍受着巨大痛苦在演唱，无不心怀感动。为此，海军某基地司令员亲切地接见了他，与他合影后还给他题字，称他是"海军战士最喜爱的人"。

演员在演出后，情绪一般都处于兴奋状态，尤其是演出效果好、观众反映强烈时更是如此。但是也有一次与众不同，我爸爸在演出后大哭了一场。

# 五十八、泣不成声

2008 年汶川地震后的第三天，我爸爸从法国访问演出后回津，刚下飞机，就接到了姜昆先生的电话，要他带徒弟去参加由全国教育系统组织的为汶川地震灾区的募捐义演。

这场节目不但明星云集，而且还要在中央电视台教育频道现场直播。姜昆先生在电话中说：你要连夜创作一段儿有关汶川地震内容的群口快板，转天排练，晚上演出。

"啊？就一天！连创作带背词儿？第二天晚上还直播？"

"对！能完成吗？"姜昆先生也深知这项任务的艰巨。

"没问题！"

我爸应了这个任务后，马上联系创作高手王印权伯伯："您必须用一夜时间把这个群口快板写出来，我召集四个弟子，让他们明天一早到我家报到，准备背词排练。"

王印权伯伯二话没说，便把创作任务应了下来："好！明天上午 10 点以前我交稿！"

随后，我爸便联系张楠、王岩、王亮和胡鑫哲，让他们速到家里集中。

王印权伯伯连夜创作的群口快板《抗震凯歌》准时完成，第二天早上 10 点，词传过来，大家便开始分词、背词。

那晚的演出场地在北京交通大学的詹天佑剧场，中央电视台教育频道提前做好了现场直播准备。下午 4 点，我爸带着徒弟们来到剧场，参加节目审查。由于只有 6 个小时的准备时间，他们的词儿不是特别熟，但当晚是面向全国的现场直播，演出不允许有一点儿闪失。姜昆先生是这台晚会的总导演，当时他焦急地问："晚上可是现场直播，行吗？"

这时就听我爸在台上大喊一声："没问题！"

其实我爸心里比谁都着急，直播时万一哪位弟子词儿不到位，这可是在全国观众面前丢人"毁蔓儿"啊！此时就见我爸坚定地一挥手，招呼徒弟们说："走！接着排！"

爷儿几个一溜小跑来到院里，找个墙根，便一遍一遍地排。终于在演出开始前，把整段节目赶了出来。

直播开始了，各路明星铆足了劲儿在台上表演，都想为灾区人民尽一份力。该他们上场了，没想到姜昆先生这时跑了过来，对我爸说："慢着，有两句词得改！"

"啊？现在改？"

"对！刚接到的宣传口径，必须改。"姜昆指着手里的原词说："要把这句词改成'灾区老百姓把空投物资的飞机称为吉祥鸟'！"

演员最忌讳的就是临上场改词儿。老作品都消受不了，更何况是新词。这时我爸的徒弟张楠站在旁边，都吓傻了，心想：这词儿还不熟呢，临上场还要改?! 而且这两句词儿还是师父说的，他这么大岁数，反应的过来吗?

这时台上的主持人已经在报他们的节目了。就见我爸嘴里一边应着"好好好"，一边可就带着徒弟们精神饱满地上台了。

结果，伴着观众的掌声，他们师徒不但将整段节目表演得珠联璧合、一气呵成，而且我爸爸还把那句新词说得铿锵感人、有板有眼，感动得不少观众情绪激动、热泪盈眶。

下台后，我爸爸和徒弟们抱头痛哭——既为作品与观众的互动所激动，也将这一天的所有压力终于全部释放出来。

直播结束后，他们才知道，这个节目是全国文艺界第一个反映汶川抗震的作品。

这次演出让我爸爸很高兴，一方面他感到自己为汶川抗震做出了贡献，另一方面他也看到了徒弟们的进步。其实，徒弟们的进步是我爸爸对他们严格要求的结果。这些年，我爸爸的教学任务很重，为弘扬快板书艺术，他先后收了不少入室弟子，但是，他收徒却有着和别人不一样的形式。

# 五十九、乱辈儿之嫌

曲艺界的门户及辈分有着极严格的行规，虽然其中蕴含着许多尊师重教的中华传统美德，应该予以弘扬，但也不可否认，某些糟粕还是需要摒弃的。然而谁能先越这雷池一步呢？

我爸爸应该是一个范例。

就拿门户来说，我爸爸在向李润杰师爷学习"李派"快板书之后，当时的曲艺团团长王济就跟他说："不要有门户之见，润杰老师出门慰问去了，你可以利用这段时间向王凤山老师学习一段'王派'快板。"

我爸爸很高兴，王凤山爷爷也没有门户偏见，愉快、认真地教了他一段歌颂雷锋的节目《革命青春》。

李润杰师爷回津后，便找到我爸爸说："听说你上新活了？唱一下我听听。"

当时把我爸爸吓坏了——"李派"门生学了"王派"快板，如果老爷子一生气，不教我了怎么办？可又不敢不唱，于是他唱"王派"《革命青春》的词儿，但在板式和句头上，则尽量往"李派"上靠。因为"李派"持"节子板"是立板，"王派"是横握颠板。因此，他演唱时是按"李派"的立板唱的。李润杰师爷看完后，说了一句"不错"，就走了。其实，我爸心里知道，快板书的门户是很严格的。也正因此，多年来，我爸一直感念李润杰师爷的大度。

而就在这时，教我爸爸相声的白全福师爷心里想不开了。因为他听说我爸正式拜李润杰为师后，很郁闷。他认为张志宽的相声是我教的，把我往哪儿摆？

有一天，白爷爷的大弟子杨志刚到团里找到我爸爸说："听说你正式拜师润杰老师了，我师父好几宿都没睡着觉，这怎么办？"

这个问题把我爸爸问住了。

因为李润杰师爷在相声门内也有"字儿"，属于"焦家门"，是由杨少奎"代拉师弟"成为焦少海（也称焦寿海）的弟子，他与赵佩茹、刘奎珍、刘广文等为同门师兄弟。也就是说，我爸爸拜了李润杰为师后，在相声门内也有了师承，但他的师父从门户上看，却不是白全福。

这个难题怎么解呢？我爸想，白全福老师不能白教我，我不能伤老爷子的心！于是他做了一个大胆的选择："李润杰、白全福都是我师父。李润杰是我快板书的师父，白全福是我说相声的师父。"

这个决定既得到了李润杰师爷的赞同，也让白全福师爷高兴得合不拢嘴。从此,在快板书演员中破了一个例——唱快板书的可以再拜一个说相声的为师。而且我爸爸就支持自己的徒弟再拜一位相声演员为师,如他的弟子罗锋就拜了魏文亮。他认为,怎么有利于学习艺术就怎么办!

我爸爸对于自己的入室弟子,除了在艺术上严格要求外,在辈分上,也明令他们不许充大辈儿。在尊重长辈的同时,绝不许对业内的同辈、晚辈有一点儿不尊重。对此,他自己率先垂范。他从来没有在弟子的爱人或家长面前充大辈,有的弟子六十多岁了,他管弟子的爱人叫弟妹,对他们的父母也按长辈一样尊重。

此外,我爸爸收徒还有一条要求也特新鲜。他近年收的入室弟子,不能管排在前面的大师兄、二师兄等人叫师哥,因为他的观点是:"你们的大师兄、二师兄从艺的年龄比你们的岁数都大,像北京市曲艺团的快板书演员王文长,都已经退休了,你们不能平起平坐,也要称老师。我现在不能'关山门',是为了多培养快板书的后继人才;我现在有精力,也愿意多培养几位弟子。因此,你们谁拜我,都不应是为了攀大辈儿而来。"

我爸爸辅导过的学生太多了,其中对未叩门的快板书演唱者他也耐心极强。虽然现在经他辅导的演员已有千余人次,但他授业有一条规矩:不收一分费用。对于慕名来找他的,来自偏远地区生活困难的,他还管饭、赠书、赠光盘。他常说:"唱快板书讲究有板有眼,做人也一样,永远不能无板无眼。我的艺术是属于人民的,我要把艺术有板有眼地传下去,还给人民。"

　　由于我爸爸教的学生太多，有时对曾教过的学生经常出现淡忘或者见面不相识的状况。下面的这段回忆便很有趣儿，也很励志。

# 六十、让师父记住我

我爸爸有一位徒弟叫张勇，他近年曾写有一篇文章回忆与我爸爸交往中的趣事，现摘录如下。

有人这样开过师父的玩笑："张先生学生多得自己都记不住。"

其实这话不算夸张，我就曾是这些被师父记不住的众多学生中的一员。

那是1994年年底，我入伍的第二年，和许多快板爱好者一样，毛遂自荐从山东长岛到了天津，一路打听到天津曲艺团找到时任副团长的张志宽先生。

找师父学习的人太多了，男女老少、各行各业，不尽相同，但有一个共同点，就是每个找他学习过的人都会不虚此行，因为人人都会得到先生的认真传授，以及肯定和鼓励。当然，被师父肯定了的感觉又是非常荣耀！我更是觉得自命不凡，而随后过年给先生打电话时，却给了我不小的打击。

"张老师过年好！我是张勇，给您拜年了……"

"（天津口音）过年好过年好！你是……哪个张勇？"

"老师您忘了？我去天津找您学习过，你还说我唱得不错呢……"

"噢……（显然是没想起来）好，好好练吧，给你们全家拜年，我这还忙着……"

当时非常失落的我也理解，不怪先生没记住我，是找他学习的学生太多了！于是就下定决心：一定要让先生记住我！一定要把这个"老师"的称呼换成"师父"！

于是我不放弃，抽出时间去天津继续求教，学习归来后，再打电话，换来的还是电话那头的："你是……哪个张勇？"不是重名多，一定还是没记住！

因为在部队不能请假太频繁，更不能太久，一年能找老师学习一两次就不错了，所以我非常珍惜每次学习的机会，回到部队就拼命苦练加演出实践。我永远不会忘记的是，1998年我又到天津学习，老师让我把一整段《孙悟空三打白骨精》唱完后，还没等我得意呢，老师对我的态度完全不同了，鼓励少了，挑毛病多了，我虽说非常不解，但还是认真学习了好几天才离开。可就从那次后，我才无比兴奋地知道，老师记住了我。

转眼间追随恩师十五六年了，我也从一名普通的士兵，成长为多次获得全国全军大奖的军区文工团专业演员了，这一切都得益于快板书，得益于恩师的无私授艺和竭力扶植。我感恩师父，同时也庆幸自己曾经的决心和一直努力的信念：凭自己的业务水准和拼搏精神——让师父记住我！

如今，已然追随恩师二十多年了，虽然脱了军装，离开了专业文工团，但我依然舍不得我热爱的快板书，离不开我钟情的曲艺事业！

师父现在似乎又忘记了我的本名张勇，无论走到哪里，总会带着些许夸奖地介绍："这是我的徒弟小芝麻，是山东电视台的著名主持人，是山东省曲艺家协会副秘书长，在山东比我腕大！哈哈哈……"

不知不觉做主持工作也已经六七年的时间了，忘不了第一次到电视台试镜，电视台的领导谈到我："这就是百度视频里说快板书的那个张勇……"后来，无数次主持节目中，都被要求加上一段，谓之出个彩！外出宣传活动中，我的快板书更是必上的重头节目。

如今的一切都得益于快板书，虽然我已经是全国法制类节目十佳主持人，但还曾获得过全国快板书大赛一等奖。

现在恩师不会忘记我了，因为我已经成为恩师的入室弟子，但这还不够，我还要恩师认可我，为了这个认可，我当继续努力！

张勇眼中的我爸爸是温情的，但我爸爸在授徒中是非常严格的。如今他已有了七十多个徒弟，这些徒弟都是谁，我爸爸又是如何教他们的呢？

# 六十一、授业之严

　　对于入室弟子,当初李润杰师爷曾明确赐字:我爸爸的弟子为"艺"字辈,并亲题"(艺)林之中标英名,(艺)峰攀登建奇功"。这两句话前头加"艺"字,每句话后面的六个字为排序。他老人家估计我爸爸一生中可能收 12 个徒弟,没想到,到目前为止,我爸爸已经收了 71 个弟子。

　　从第 13 个弟子的尾字排序,由我爸爸定为:德淳朴　亮高节　海扬帆　喜远征　品博雅苑　承久恒途　鼎盛常飞腾正　松柏永长青　竹山俊朗挺云　风水汇聚洁宏庭　昌旺逢时　泰脉相续万古兴　术非照显尚。

　　具体名单及排序如下:

| 姓名 | 艺名 | 姓名 | 艺名 | 姓名 | 艺名 |
|------|------|------|------|------|------|
| 王文富 | 艺林 | 王文长 | 艺之 | 马　政 | 艺中 |
| 杨宝元 | 艺标 | 王颖贤 | 艺英 | 齐立强 | 艺名 |
| 李　勇 | 艺峰 | 崔　义 | 艺攀 | 李凤阁 | 艺登 |

| 陆继东 | 艺建 | 王红专 | 艺奇 | 李君良 | 艺功 |
|---|---|---|---|---|---|
| 陈金立 | 艺德 | 张英杰 | 艺淳 | 赵乐平 | 艺朴 |
| 张令军 | 艺亮 | 江南 | 艺高 | 冯英 | 艺节 |
| 任群林 | 艺海 | 王立声 | 艺扬 | 大山 | 艺帆 |
| 李毓胜 | 艺喜 | 王岩 | 艺远 | 罗晰 | 艺征 |
| 张勇 | 艺品 | 罗峰 | 艺博 | 王萌 | 艺雅 |
| 李雯 | 艺苑 | 张鑫 | 艺承 | 张楠 | 艺久 |
| 马铁岭 | 艺恒 | 刘凯 | 艺途 | 曹化春 | 艺鼎 |
| 林泰山 | 艺盛 | 于金宝 | 艺常 | 李慧杰 | 艺飞 |
| 周建平 | 艺腾 | 胡鑫喆 | 艺正 | 赵松涛 | 艺松 |
| 杨军 | 艺柏 | 张立勇 | 艺永 | 赵玉洁 | 艺长 |
| 梁志刚 | 艺青 | 李海 | 艺竹 | 张嘉毅 | 艺山 |
| 陈建安 | 艺俊 | 张作松 | 艺朗 | 贾存玉 | 艺挺 |
| 李宝 | 艺云 | 林峰 | 艺风 | 王宝才 | 艺水 |
| 卢国民 | 艺汇 | 周强 | 艺聚 | 谷天纲 | 艺洁 |
| 胡文玲 | 艺宏 | 周晓明 | 艺庭 | 王永东 | 艺昌 |
| 邢千里 | 艺旺 | 宋大伟 | 艺逢 | 赵立年 | 艺时 |
| 李刚 | 艺泰 | 赵昆 | 艺脉 | 姜广盖 | 艺相 |
| 王红光 | 艺续 | 潘亚辉 | 艺万 | 张红坤 | 艺古 |
| 刘磊 | 艺兴 | 徐宗海 | 艺术 | 李磊 | 艺非 |
| 李晶 | 艺照 | 钟鑫 | 艺隆 | | |

此外,我爸爸还收了喜爱快板书的李贵才、王承伟、林凤城为义子。

对于入室弟子,我爸爸要求极为严格。如1972年收的徒弟叫王文长,他是北京市曲艺团副团长,现已退休。日前,他撰文回忆了我爸爸是如何严格要求他的。

我虽然比师父只小十几岁,可是"师徒如父子"这句谚语倒是千真万确。他在艺术上教授我,毫不保守;在生活上关心我,无微不至。我去天津,他除了给我安排住宿、照顾我的吃喝外,只要没有演出,就给我排练节目,几乎占用了他的全部时间,他没有丝毫的怨言。我学会了一个段子,表演得他满意了,就像他自己又排练出一个新节目,比我还兴奋。"文化大革命"结束后没两年,他的代表作《孙悟空三打白骨精》和他跟我师爷都唱的《劫刑车》《立井架》《巧劫狱》《武松打虎》等段子,我都会了,都是他就一字一句、一招一式地教的我。比如说,有一个字我唱得音高了或是音低了,就是这点儿小问题,他都不放过,那种较真儿劲,我什么时候想起来,都非常感动。有一次,我携妻到天津观摩一赛事,师父非要考察我进步与否。当时我已年近六十,当唱得师父不满意时,他连示范带讲解教了数小时,我因旅途劳累稍一走神,便遭到他严厉的训斥。而且一点儿情面也不给我留,更不考虑我的老伴及外人在旁边。这种尴尬使我很难为情,但事后我体会和理解到,学习的路很漫长,不能有一丝一毫的松懈。

对我严,对我的儿子要求更严。我儿子王政在天津中国北方曲校上学期间,我师父为了给他排《孙悟空三打白骨精》,每天最少去学校两个小时,一连半个多月,每天不完成他留的作业都不行。这种严是真正的爱。

除了对徒弟们严要求,我爸爸在教学方面还非常勤奋,具体情况又是怎样呢?

# 六十二、教学之勤

我爸爸的入室弟子、中国北方曲艺学校快板书教师张楠近年讲过如下一段话。

在 2014 年，我拟参加中国曲协举办的第八届曲艺牡丹奖新人奖的评选，参赛曲目是《东方旭打擂》，这个节目我已经跟师父整整"磨"了五年，付出了一定的辛苦。但师父说："不行！我还得给你再排排。"那一阵儿师父正犯痛风病，腿肿得十分厉害，走路得靠扶着椅子一步一步往前挪，即便这样都疼得钻心。我很心疼，说："师父，我看您太难受了，您坐着，我给您唱一遍，您给我说说得了。"没想到，我唱到一半，师父就坐不住了。这个节目是说唱并重，人物关系及武打动作要求非常严格，师父他强忍着疼痛，坚持一招一式、一个动作、一个表情地一遍遍示范，不行便重来。我几次眼里含着泪说:"师父,您太难受了,歇歇吧!"他说:"不行!时间太紧了,排!"那两天,最长的一次排练长达九个小时。排练完,我脸上流满了泪水,把师父搀扶到椅子上,恭恭敬敬地跪在地上磕了一个头。说:"师父!我一定……"我除了抽泣,什么也说不出来了。我师父的心血没有白费,我参赛的快板书《东方旭打擂》,赢得了在场专家评委和观众的一致好评,获得了第八届中国曲艺牡丹奖新人奖。

近年来,我虽然先后获得 2012 年第二届"南开杯"全国新相声作品大赛表演一等奖、2013 年"李润杰杯"全国快板书大赛一等奖等多项全国大奖,但师父对我的要求从来没有放松过。2013 年,师娘生病住院,我知道消息后,去北京看望,当时师娘刚刚做完手术,正在输液。陪床在侧的师父见到我来了,分外高兴,他见师娘病情平稳,已然熟睡,便拉着我来到医院楼道的窗户底下,给我排练《二万五千里长征》。

我爸爸还有一位学生叫赵立年,对于我爸爸教学之勤,他也深有体会,他曾回忆说:

我从部队转业到宁波市政府第一招待所工作,想学快板书,于是上网搜集快板方面的资料,从网上了解了快板的常识,知道了张志宽先生的大名,也观看了很多先生的视频。为学习快板书,2008年我加了网上的快板群,后经人介绍,我加入了中国曲艺家协会快板艺术委员会。张志宽先生给我寄来快板资料和会员证,里面夹了先生的一张名片,我给先生拨了个电话,先生真的接了,我欣喜若狂,激动得说不出话来,从此跟先生建立了联系。2010年的8月2日,得知先生和夫人到普陀山,我得到消息,立即驱车去舟山把先生接到宁波来,其间,我向先生表达了拜师的意愿,先生答应下来,说等机会成熟就收我为徒。没想到跟先生分别时,在高速收费站入口,先生还手把手教我怎么打板,怎么演唱……

这就是我爸爸的性格,他视快板书艺术为生命,视教学授徒为使命。只要是快板书,只要是教徒弟,他什么都能舍。而且为了能让徒弟尽快成才,他还不时地发明新招。

# 六十三、带徒之招

我爸爸带徒弟主要有两个绝招。

首先是微信教学。这就不仅解决了徒弟多、散在全国各地不能及时面对面授课的问题，而且还达到了向一人授课所有弟子都能获益的目的。对此，我爸的徒弟张楠有过如下描述：

师父非但精神不老，思想还很时尚，并且很敏锐。他善于思考，积极接受新鲜事物，总是能够发现我们年轻人都发现不了的东西，所以我们总是戏称师父为"老顽童"。前不久，70岁的老头儿居然学会了玩儿微信，并且还做了一件惊人之举——微信教学。这在行内行外无不令人刮目相看，纷纷称赞，实为首创！

微信，在我们手里无外乎只是一款交友软件而已，除了闲聊、交友、各种晒、消费方便以外好像还真没有什么正事，我作为一名纯正的80后很早就被它

"俘虏"了。然而,师父在学会了玩儿微信后第一想到的就是他一生挚爱、视如生命的快板书。我们师兄弟有几十人,分布在全国各地乃至国外,有的弟子跟师父见面的机会很少,学习很不方便,可是想学了怎么办呢?只能是和师父通电话,有时一个电话能打上几个小时,师父则毫无厌烦,甭管是学生还是徒弟,认识的或不认识的都是有求必应,始终通过电话为大家传授艺术。有了微信以后,这下可好了,我们师兄弟赵松涛给组建了一个"张志宽弟子群",把大伙都加进来了。师父在群里面边唱边分析边教学,《孟宗哭笋》《武松赶会》《看升旗》《孙悟空三打白骨精》一连几个段子,从头到尾一句不漏,连句头带气口,连板眼带语气,吐字、声音位置、逻辑重音,甚至动作、表情、眼往哪看、手往哪指都讲得清清楚楚、明明白白、细致入微。他还时不时地发起视频聊天,连神儿带相儿地给大家做示范。我们这些徒弟那更是如鱼得水了,哪儿不懂随时问,尽情地享受着师父的谆谆教诲、倾囊相授以及亦师亦父的无限深情,这种快乐溢于言表!尤其是 2015 年春节期间,师父正在新西兰度假,可他始终不忘利用微信给大家传艺,一有时间就开始授课,度假的八十多天里少说也有 60 天都在为我们讲授快板书的演唱技巧,解答大家提出来的问题。除此以外,师父还会根据某一个徒弟存在的具体问题,单独跟他进行微信交流，不厌其烦地反复示范并加以指正。70岁的老头儿只要一沾快板书，"拼命三郎"的那股子劲儿把大家全感动了，甚至你会被他的热情所融化。我们经常会提醒老头儿休息一下、喝口水再讲，可他讲到尽兴之时常常是忘我的。我常说，人家都是学生不跟老师学会了誓不罢休，而我们的师父则是不把学生教会了誓不罢休。师父无愧于是德艺双馨的艺术家。

师父的微信教学对我的触动很大，因为我是搞专业教学工作的，所以感触颇深。于是，在师父的启发下，我马上组建了曲校快板书专业群，并且起了一个寓意深刻的名字就叫"德艺双馨"，目的就是要以这四个字作为我和学生们的座右铭，时刻激励我们要以师父为榜样，做真真正正的德艺双馨的艺术家。在群里，我和学生们可以随时进行艺术交流，尤其是周末和寒暑假期间，学生们哪儿不明白了、遇到什么问题，都可以直接和我沟通，我也可以随时监督学生们假期作业完成的情况。学生们随时唱给我听，大家可以进行讨论，有什么学习心得、体会和好的文章都可以在群里分享，这样一来大大的提高了教学效率，教学质量明显上升。

曲艺界有人提出过"张志宽现象"这一说法，我认为"张志宽现象"不光是说师父在舞台上的艺术成就，更多的还是他在舞台下那份对艺术执着追求的精神，对事业无私奉献的境界,待人真诚的高尚情操。这些都是值得我们永远学习的地方,也是值得我们永远研究的地方。

我爸爸教学的另一个绝招,就是在舞台上带徒弟和他一起唱。这样的好处是有利于徒弟在舞台上亲身体验和找差距,也便于提高他们的知名度。因为国内许多重要演出都邀请我爸爸参加,尤其是央视及各省市电视台的大型晚会,都经常向他发出邀请,而只要条件允许,我爸爸都尽量带徒弟们上场。这样既让徒弟们积累了大型重要演出的经验,也让徒弟们多在全国观众面前亮相,提高了他们的知名度。

例如,2016 年中央电视台戏曲频道的春节晚会,他带着弟子罗峰、张楠上演了《师徒情》;同年该频道的元宵晚会,他又带领着弟子罗峰、张楠、赵松涛、赵昆上演了《群猴闹春》。

此外,为了锻炼徒弟,我爸爸在众多商演中也是如此。对此有人曾对他说:"你少挣钱了,劳务费还得分给徒弟,要是带三个徒弟一起演,收入还没徒弟多。"

我爸爸每次听完,都是淡淡地一笑,过后依然照此办理。而且,大部分徒弟都被他轮流带着演出过。对此,解放军第二炮兵文工团的快板书演员王岩曾有亲身感受:

当年,我的师爷李润杰先生为了带出徒弟,言传身教,和我的师父一起合唱对口快板儿《立井架》,给我的师父留下深刻的印象，师父经常在我们面前回忆讲述这段令他难忘的故事，而我也终于有了同样的机会。2006年9月，我和师父参加了由中国文联、中共四川省委宣传部主办的"纪念中国工农红军长征胜利70周年"文艺演出活动，我们爷儿俩演唱对口快板《二万五千里长征》。接到这个任务后，我非常的激动，我不禁想起了师父常讲的他和师爷的故事，和师父共同完成一个作品，将是我最好的学习机会。出发前，我数次到师父家里，师父给我划分演唱的段落，一句一句地排"气口"，从眼神到动作一丝不苟，力求爷俩整齐划一。师父的这次言传身教，使我在演唱技巧上有了质的飞跃。

演出的舞台就搭在当年毛主席指挥的四渡赤水出奇兵的二郎滩渡口对面，舞台前是奔腾不息的赤水河，河对岸群山耸立、滩头开阔，一眼望去这仿佛就是当年的战场，这是一次实景的演出，只是没有了硝烟弥漫战场上的枪炮声，存在的只有演员上场前瞬间的宁静。我和师父出场了，竹板声声响彻河谷，七十年前战火纷飞的场面被我们爷俩展示在成千上万的观众面前。掌声，掌声，还是掌声，胜利的汗水浸透了我们的衣衫，这是我和师父"心连心"的一次演出，这是我快板演唱方法和表演技巧走向成熟的开始，喜悦的泪水流进了我的心窝。青山绿水间留下了我与师父的合影,我和师父的笑容是那么亲、那么甜。回想当时的情景,我的泪水夺眶而出!2009年,师父带着我再次演唱由郝赫老师创作的对口快板《青山夕照》,获得了中国曲艺家协会颁发的"新创优秀节目奖"。我知道,年过花甲的师父不需要再获什么奖项,他是为了徒弟和他深深酷爱的快板事业。在这我想说:"谢谢师父!"

我爸爸在曲艺圈人缘好,许多唱快板的年轻人都愿意拜他为师,从艺术方面考虑已毋庸赘言,人们还看重的,是他的艺德与师德。那么作为师父,他的师德究竟如何呢?

# 六十四、为师之德

艺无德而不立，师无德而不名。我爸爸在教学上付出的极多，但他从不考虑索取，"德艺双馨"应该是他演艺和授徒的真实写照。

我爸爸去年收的山西省的徒弟李磊，便"现身说法"地回忆过我爸"赔钱"授徒的故事。

2008 年的秋天，我和弟弟李晶经当时山西省曲艺家协会主席苏友谊老师推荐向恩师张志宽学艺。2009年我退伍后，师父得知我暂无工作，便打来电话，让我到师父家中学艺。这个电话让我们全家欢呼雀跃。哪有师父主动给一个初出茅庐的学生打电话的啊？这是我连做梦都不敢想的。我在师父家一学就是一年，吃、住等所有一切都是师父管。这是多少想向名人学艺的人梦寐以求的事儿啊，何况我当时还只是师父的一名学生。在师父家中,师父每天教我学习快板书。由于我老家是山西,地方音特别重。就连师娘也把家中的字典拿出来让我每天朗读,来矫正我的乡音问题。我和师父学习的第一段"活儿"就是《孙悟空三打白骨精》,刚开始我只按照我的思路和方法去记台词,扒动作。可师父告诉我:"孩子,你不能光看词儿,你得明白整个故事的情节、人物区分等等,这样你背起台词和刻画人物就方便多了。"师父的这种方法,让我很快记住了台词。至今我也一直是这么做的。在排练的时候,师父一招一式、一字一句,不停地教我。一排练就是一上午,就连吃饭的间隙师父也不放过,偶尔觉得我这一小段儿有所提高时,师父也会叫我演给师娘看看,提提意见。从打板儿开始,什么叫单点、双点、基本点、混合点,从头教我,怎么打、怎么发力、站姿、身段儿、眼神,尤其是人物变化,让我受益匪浅。

　　除了在学艺上师父对我严格要求外,在做人方面师父对我也分外严厉,不坑人、不害人、不骗人,这是师父告诉我的做人的基本原则。在日常生活当中,师父家的双开门大冰箱里放着许多好吃的,让我随便用。记得有一回,师父和师娘从外地回来,看到冰箱里特意为我准备的海鲜还没有动,师父还专门教育了我半天,告诉我:"你来了这儿,就是回了自己家了,不要拘束,你想干什么就干什么。"当时我的热泪就流了下来。那时，师父开车我坐车，师娘做饭我吃饭。两位六旬老人伺候我这个 20 来岁的小伙子，让我心里真的很是不舒服。师父怕我长时间在家中发闷，凡参加北京附近的活动都会把我带上。师父和师娘对我的恩情，我不知道该如何报答。我和弟弟终于有幸在 2015 年拜入张志宽先生门下。回想起在北京学艺的这段时间里，仿佛就发生在昨天。好想再回到昨天，细细品味那种无私的爱……

我爸爸"赔钱"授徒的故事还有很多，这不，一个名叫宋大伟的徒弟也传来了他的相同经历。

2008 年我听说大同有快板精品展演，就和志宽先生联系想去看，先生一口答应了，结果去了才知道，来的都是定好的人，没有多余的名额。我正打算去外面找地方住，志宽先生找当时负责该项活动组织工作的柴京海老师商量，帮我安排了一个住处，同时他拿出三百元钱，让我去买饭票（当时所有人的标准都是三百）。我推辞不要。他说："你大老远来的，喜爱快板书，你来，我招待。"接下来的几天，他几乎每天看到我都问我吃的好不好，住的好不好，我真的感动啊！我一个普通的快板书爱好者，能得到艺术家的关照，还是那么大的腕儿，关照我一个普通的爱好者，这是什么样的胸怀啊！

2008 年，我所担任版主的中国快板网迎来了五周岁生日，我和站长张涛商量搞个征文比赛。我们收到了好多篇文章，经过评选，选出了几篇佳作。但问题来了，佳作是有了，奖品哪来啊？我又一次求到了张先生头上，他二话没说，答应给我支持，我去他家，他按照我的要求，拿了两套光盘、10 本书，还有其他资料，并在每本书上签上名字和寄语，还招待我吃了一顿家常饭。张先生和我聊了很多快板书方面的事情，勉励我多学多看，多为快板事业拉人气，多宣传快板书，还答应我以后有什么资料第一时间通知我。

作为弟子，对师父的关爱无以为报，只能抓住一切可以抓住的机会，为快板书事业做自己应做的事情。

在教学上，师父看我们到天津不容易，便开展微信教学。有一天，师父在弟子群里喊我们："徒弟们，你们互相转告一下，明天上午，我在弟子群里给你们讲《孟宗哭笋》，让松涛把词都传给你们，我再一句一句教大家。咱们共同探讨这个本子。"于是，我接到了松涛师哥传过来的文本。

第二天上午，师父开始在弟子群里教我们这段《孟宗哭笋》。自从手机智能化以来，功能繁多，微信也应运而生，它很方便，聊天、发图片、发信息，很实用。

用微信语音聊天很简单,按语音键说话就可以。而用微信授课,那可是很麻烦的一件事,尤其是快板。要打着板,还得看着词;要管着手机,还得掐着时间。一心多用,还不能坐着。一位70岁的老人啊,真是不容易,用张文甫先生的话说:"张志宽先生是第一个用微信授业的曲艺艺术家。"

师父不止一次跟我们说:"我弟子众多,学生不少,大家都不在一个城市,相聚一起不容易,有了微信,建了弟子群,当师父的可以授课,徒弟可以学习,太好了。师父别的不想,只是想把快板书艺术传承下去,你们师爷李润杰先生创立了快板书艺术,我们就要把它传承下去,发扬光大。师父老了,人越老,越想多做些事,我恨不得把我会的这些东西全都教给你们。"

我听了师父的话,感动得眼泪都下来了。师父讲的是《孟宗哭笋》,可教我们的却是做人的道理!

实话实说,这本书写到这儿,看着我爸爸徒弟们陆续发来的邮件,我都感动得掉眼泪了——我爸爸对徒弟真是比对我这个亲儿子都好。

众所周知,随着近年来人们文化欣赏取向的多元化,传统的说唱艺术面临着演出场地萎缩、观众人数锐减的窘境。为此,我爸爸非常着急,他又是怎样面对这种现状呢?

# 六十五、普及之妙

中国传统说唱艺术曾有过风靡城乡的辉煌，但随着各种新兴艺术形式的不断涌现，如今它已日趋式微也是不争的事实。面对此等状况，我爸爸敏锐地提出："为振兴曲艺，我们不仅要带徒弟教学生，还要占领演出阵地，开拓演出市场。"为此，他在传艺过程中，非常注重普及。据他的弟子李君良介绍：

恩师张志宽是无锡兄弟相声社的引路人。我按照师父的指点，先跟原来已有基础的搞曲艺的老文艺骨干联络，聚在一起，借助朋友的茶馆搞南北曲艺的综合公益演出，又逐步发现了一些爱好北方曲艺的年轻人一起玩儿票，并通过报纸、广播、QQ群、微信群宣传扩大影响，建立了一批相对稳定的观众群。我又把其中一些有点基础和热情的年轻人纳入了弟子的队伍，向师父学习,既做师徒更是板儿友和朋友,只要是有利于推广快板书艺术和北方相声的事就努力去做。年轻人的积极性一旦调动起来了,就像火山爆发了。电台的大李、小胖儿和喜剧演员大宝他们发起成立了"无锡兄弟相声社"。刚开始我们尝试着在惠山古镇的老菜馆利用下午饭馆的空闲时间,做下午的相声、快板书专场,观众从一个人、三五个人发展到几十个人,广播电视报专门为我们发了报道,无锡人也慢慢知道了我们,还连续三年参加了"无锡春晚",这时提高演出质量的问题就刻不容缓地摆在了我们面前。我给师父打去了求助电话,师父当即表态会尽快安排时间来无锡为我们指导、上课、培训。

没过多久,师父便和师娘一起来到无锡,自掏腰包给我们兄弟相声社的成员每人一副竹板,还送给每个人一套学习的光盘和书籍等资料。教快板书,讲表演,指导我们怎么上台。由于我们是业余演员,师父一点一滴从基础教起,从演出的服装到每个人的发型;从舞台的布置到桌子的尺寸;从节目的排列顺序到表演的身段站姿,真可谓是呕心沥血!从那以后,师父经常抽时间来无锡给我们辅导,知道我们是起步阶段,每次来都是自己买来回车票,自己出钱住旅馆,为了推广快板书艺术而无私地奉献。

"无锡兄弟相声社"成立一周年的时候,我们终于找到了一个做公益的小剧场——万和公益剧场，搞相声专场演出。那一场演出，师父带着几个精英弟子罗峰、张鑫、张楠来为我们助演，能跟师父同台演出，兄弟相声社的演员们情绪都非常的高。这一场演出下来，无锡的观众们都直呼过瘾。听了师父、张楠的快板书，还有罗峰、张鑫的相声，观众说这才是真正原汁原味儿的快板书、相声。演出结束后，剧场方面当即表示邀请我们兄弟相声社签订合同驻场挂牌演出，我们终于站住了脚跟。

2015年10月，"无锡兄弟相声社"成立两周年时，恰逢师父从艺55周年，师父再一次力挺"无锡兄弟相声社"，不收取任何费用，把他从艺55周年全国巡演的首站放到了无锡。这一回师父携高徒罗峰、张鑫、张楠、陈金立、赵松涛和"无锡兄弟相声社"的演员们一起在无锡搞了两场演出，节目更加丰富，快板书、相声、京剧快板书、变脸快板书、山东快书，在无锡引起了轰动，也把"无锡兄弟相声社"推上了一个更高的台阶。这一回"兄弟相声社"的全体演员都有幸跟我的恩师张志宽同台演出，至今大伙儿还都回味无穷，意犹未尽。这一次师父还特地邀请了曲艺作家高玉琮为大家普及曲艺知识，让大家受益匪浅。

正是由于师父的倾心辅佐和无私帮助，才让我们"无锡兄弟相声社"有信心、有底气，借助无锡清莲传统文化艺术中心这个平台,申报、参加了2015年第十七届上海国际艺术节无锡分会场的演出,成功地在无锡大剧院举办了一场《欢声笑语》相声大会的专场演出。大家兴奋欣喜之余,向师父发去微信汇报,感谢师父的倾心教导。师父这时却告诫我们:不要骄傲,艺无止境,还要不断地努力学习、提高。希望我们要团结,多吸收、挖掘新人,壮大自己的队伍,多排新活儿,向更高的水准看齐!并要我们尽快注册自己的社团,获得政府的资助。师父,您放心吧,我们一定按照您的吩咐,努力地提高自己的艺术水平,为传承和推广快板书事业加油。

其实,早在无锡之前,我爸爸便有了将北方曲艺搬到南方的试验,据他上海的弟子赵松涛回忆:

在上海建立曲艺阵地,得益于恩师张志宽。我在服役期间跟师父相识,并有幸随其学艺。退伍后,迫于生计,边演出边工作,就这样跌跌撞撞熬过了五年。2004年8月,根据师父的点播,我横下一条心,组建团队,说相声、唱快板书。就这样,我专职专心干了11年,我现在是专业水准,职业演员,并有自己的团队。我自豪,这11年,我做到了一个第一,一个唯一。

我组建了上海第一个以北方曲艺为主要表演形

式的剧团。从组建的那天起,我们立足上海,努力进取,向上海诸多艺术门类学习,为上海的文艺舞台做出了我们应有的努力,为相声和快板书在上海的发展,打下了坚实的基础。

从2004年11月份创建起,我带的队伍,是唯一没有离开过舞台的团队。在过去的11年里,一直在坚持不懈地培养演员,引导观众,开拓市场,扩大影响。

2015年年初,我陪师父从盐城回到上海,当天晚上请师父吃饭,团队的演员都在,老头儿很激动。我心里清楚,他心里想的,嘴上说的,每天在做的,都是为了快板书,为了曲艺事业。看到我们都在用心的说相声、唱快板书,他心里高兴。

第二天,在我们剧场演出,师父再一次演了《劫刑车》,返3个小段儿,前后四十多分钟。那天,台前台后,不知有多少人被震惊了,被感动了。潘亚辉端着师父的水杯,站在侧幕,眼眶湿润。我接师父的节目,上台第一句说:我师父,今年70岁……再说,就说不去了。转过身去,抑制住眼眶里的泪水,身后是观众们的掌声。那掌声是送给恩师张志宽的,因为,他为台前台后,示范了艺术的标准,艺人的真诚,舞台的神圣,传承的责任。

当天晚上,有一位观众在微博写道:曲艺的魅力在于超越时光,超越地域。张先生的一部《劫刑车》,人物分明,情绪饱满,口吐莲花般精彩。唱书唱情,唱的是故事里的革命情,唱的更是生活中的师徒情。透过老先生耳畔额上的汗水,赵松涛老师欲落又止的泪水,感受到传统艺术的魅力在于人心,只要这份对于传和承的心依然,舞台便依然,美好便依然。

2015年,在上海市小节目评比活动中,我和高瑞的相声《打灯谜》获得优秀作品奖,我获得新人奖。师父专门打电话表示祝贺,并叮嘱我,要坚持创作,坚持实践,努力打造精品。

每一次我们有了成绩,都能得到师父的表扬,也会听到师父的警示。我们迈上了新的台阶,他给予肯定和鼓励,因为他心里为我们开心。我们有了骄人的成绩,他会叮嘱我们谦虚,那是怕我们骄傲。

我想说,请师父放心。

师父70了,他依然保持着创作热情,依然坚持传承快板书艺术。我们正是年富力强之时,唯有认真学艺,用心作艺,才是对师父最大的回报。


除了将北方曲艺普及到南方,我爸爸还力挺曲艺走进高校。如清华大学曲艺社的蓬勃开展,便浸透着我爸爸的许多心血。他的弟子胡鑫喆对此感触极深。

高中毕业时,我报考了清华大学艺术特长生考试。师父手把手、一句句地给我精排《孙悟空三打白骨精》。那一招一式、一板一眼，那对艺术深入骨髓的理解，那股子精气神，让我如醍醐灌顶，甘之如饴。他对学生的认真、执着和责任感也已经远远超过一个师者的作为，倒更像一个鞠躬尽瘁的父亲。

这次艺术特长生考试，我获得了最高奖，可以比清华录取线降低50分录取。当我把这个喜讯告诉师父的时候，他轻轻一笑，语重心长地对我说："孩子，记住，文化课一定要抓紧，要凭你的真正实力走进清华。"那年高考，我以天津市理科第八名的成绩被清华大学计算机系录取，似乎是浪费了50分的优惠政策，但我没有浪费师父对我的一片鞭策与教育之心。

2001年，清华大学筹备90年校庆文艺演出。当时的校领导提出，应该有一段反映清华大学教学科研成果的群口快板。我直接承担了创作、排演这个节目的任务。于是以此为契机，在我的倡导下，清华大学曲艺队应运而生。听到这个消息，师父大力支持，帮我联系老师共同创作节目，专程从天津赶来清华指导排练，并委托王文长老师做曲艺队长期的艺术指导。经过半年的准备，这段群口快板在清华大学建校90周年文艺演出上获得成功，得到了全校师生的认可和胡锦涛、朱镕基等莅临校庆的清华老校友的肯定。经过这次演出，曲艺队在清华一炮打响，迅速带动了一批热爱创作和表演的曲艺爱好者,形成了清华曲艺的一支骨干力量。而我也因此被破格免试保送攻读硕士研究生,继续在清华曲艺队贡献力量。

曲艺队组建后,师父经常来清华做讲座、上艺术辅导课,共同参加曲艺队的演出。每次师父的讲课都如他在舞台上那般精神饱满、神采奕奕,深深吸引每位听课的清华曲艺队队员。看到师父如此投入地讲课,我总想起他在我初入学时的长谈、在曲艺队组建过程中的辛劳、在各种场合见到我必问"清华曲艺队怎么样了"的殷殷之情。而师父做的所有这一切,都是义务的,学校几次想给他酬劳,他总是推辞。我明白,师父想看到的,就是曲艺艺术能在清华这样的高校校园深深扎根。

曲艺队成立十多年来,其存在和发展壮大也的确产生了明显的辐射和示范效应。清华大学艺术特长生以及其他受清华影响的高校艺术特长生考试中,曲艺类考生人数逐年增多,艺术水平不断提高。继而带动了广大中小学曲艺艺术教育的蓬勃兴起。每当和师父谈起这些,师父总是笑着说:"这个阵地要守住啊。"

2004 年,我从清华大学毕业,工作几年来,师父对事业的执着和责任心一直影响着我在工作中迈出的每一个步伐。而师父对校园曲艺的期许和厚望,也一直激励着我。虽然没有做专业演员,但曲艺艺术依然是我生命中不可或缺的一部分。我仍一直义务担任清华大学曲艺队的艺术指导，坚守着这块校园曲艺阵地。曲艺队每年的数次演出必然成为学校的文艺亮点，一票难求。而每年至少有200名清华学生申请加入曲艺队，接受曲艺艺术的培养和熏陶。2006年、2008年，清华曲艺队的4名队员先后以自创校园相声在第三届、第四届中央电视台相声大赛中获奖，由5名队员表演的群口快板《二万五千里长征》也在北京市快板邀请赛上获最佳表演奖。曲艺队的艺术探索在站稳清华这片阵地之后，日益得到社会的关注和认可。每当曲艺队迈出新的步伐时，我都会想起师父当年的嘱咐和付出。大树葱茏育英华，在高校曲艺这片土地上，在青少年曲艺爱好者的心里，师父的默默耕耘正在开花结果。

我爸爸这些年对曲艺艺术的普及，从以上三位爱徒的回忆中可见一斑。但光普及还不行，还要会普及，这里面就涉及传艺之道，那么我爸爸又是怎么传艺的呢？

# 六十六、传艺之道

何谓传艺之道？印度大诗人泰戈尔说过一句形象的话："花朵以芬芳薰香了空气，但它最终的任务，是把自己献给你。"这话用在我爸爸身上太合适了。他总是用自己的身体力行去感染徒弟、教育徒弟，最终，在他的言传身教下，徒弟们也成了他那样为快板书拼命的人。对此，他的弟子王红专感触极深。

我是 2002 年叩拜恩师的，那年我已 50 岁。拜师仪式在江苏盐城举办，在拜师仪式上，我流泪了，因为我没想到人过半百还能拜到师父这样的全国最有名的快板艺术家。师父的敬业精神感动着我。记得那是在 2002 年，盐城团市委举行纪念共青团成立 60 周年的晚会，特别邀请师父来演出《劫刑车》。当时，气候反常，北京热，盐城冷，师父穿着短袖衣服上的飞机，到盐城这边都穿羊毛衫了。师父一下飞机嗓子就失声了。到宾馆后，连夜挂水、打针、吃药，到第二天，嗓子虽然还哑，可师父仍是坚持上台演出，并且精神十足，演出很成功。当我看到师父走下台浑身是汗时，从内心感动。

2011年，我带两个徒弟到北京师父家里，请师父指导。正巧师父痛风病犯了，走路一瘸一瘸的，可师父还是坚持给徒孙们排活，一遍又一遍，不厌其烦，那一瘸一皱眉的表情，我们看在眼里，疼在心里，我们要他歇歇，可他一排就是一天，真是太认真了，我们都过意不去。师父就是这样，为了艺术他是不要命地拼啊！

2013年，盐城市文联在盐城为我举行《王红专曲艺作品集》首发式暨李氏快板传人张志宽盐城家谱续写仪式，特邀师父出席，可又碰上师父犯痛风了，而且很严重，已住院治疗。师父在电话中说：只要能挂着拐杖走路，我就一定来。当我到火车站口接师父时，看到师父一步一步地挪着向我走来，我的眼睛湿润了。师父就是这样为了徒弟不顾自己，忍着疼痛参加了我的活动，晚上还坚持上台演出，您说，这样的师父上哪儿找啊！

师父的平易近人感染着我。师父经常跟我说："我们既是师徒关系，又是朋友关系。"他到盐城从不摆谱，从不把自己当大艺术家，住宾馆不要高档，吃饭从不讲究,任何人都可跟他合影,谁问他有关快板艺术的问题他都认真传授。在我获得红旗渠金像奖新作展演最佳创作和最佳演出奖时,他高兴地抱着我,鼓励着我:"红专,你是突飞猛进啊!"在师父从艺 50 周年的宴会上,师父又抱着我高兴地说:"你是盐城的快板大王,我是全国的大王,我们是大小王。"我听了以后心里热乎乎的,师父太可爱了。师父演出从不谈价钱,我也向师父学习,不计报酬地常年坚持深入基层演出;师父登台从不把自己当大艺术家,都是谦虚地介绍自己,奉献精彩节目,我也学师父,经常自己拿着话筒架子上场,与观众亲切打招呼,一丝不苟地演好每一个节目;师父人缘好,热心帮人、待人,深受人们的爱戴和赞誉,我永远向他学习诚实做人,坦诚待人,跟人和善相处。

师父的精益求精熏陶着我。师父每次遇到我,都是一字一句地给我纠正普通话的吐字发音,手把手地传教各种板点,我把师父教的知识,将快板书的创作技巧、韵辙、板点,恰到好处地运用到盐城方言快板中,将盐城快板的样式、品位、风格都大大地提高了一步。

师父的奉献精神激励着我。师父每次到盐城来,我们总想让他多休息休息,玩玩逛逛,可他总是要给学生上课、排节目、搞讲座,忙得不亦乐乎。2014 年 8

月份来盐城,我说这次肯定不安排活动,你就来散散心,放松放松,可他还是不断地通过手机微信给徒弟们讲课,那手机录音很麻烦,要用手按着,身体哈着,腰弯着,头伸着,一分钟就要重新按手机键,很吃力,可他就是不顾苦累,经常讲得满头大汗,气喘吁吁。

在我心中,师父是楷模,是榜样,我就是要学着他的样子做人、做事。

同样是传艺,他的弟子胡鑫喆却有着如下的疑问,并从我爸爸的实际行动中找到了答案。

回想与恩师相识相交的三十多年,师父作为我所在小学的校外辅导员,对我这个学生,却一教就是如此多年。当我开始就读于耀华中学,也就是天津市最好的中学之一的时候,他定是明明白白地知道,曲艺永远不会是我的职业。但这又曾让我十分不解:他为何对我这个爱好者这样的认真负责?为利,他分文不取;为物,他从未有任何索求;为情,他与我本就素昧平生;为艺,我不专此行又难以传承……当我想尽了一切正常的理由,仍无法解释我与他这段师徒情谊的缘由时,我开始明白,或许我只是曲艺大地上万千种子中的一颗,当土地开始变得干裂、贫瘠,他的灌溉与养护定然恩泽了许许多多不同的种子,而恰巧我这一颗破了土,发了芽。正是有了许多像师父这样的忠实卫道者,这片土地上开始有了越来越多的绿色,越来越多的希望。

正是因为我爸爸有这样的品格和事迹,他不仅获得了众徒弟们的盛赞,而且还被《人民日报》刊文赞誉。

# 六十七、党报赞誉

　　曲艺作家高玉琮在《人民日报》发表过一篇文章,题目是《为快板书而生,为快板书而死》,我现摘录如下。

　　"元芳,你怎么看?"这句网络流行语源于电视连续剧《神探狄仁杰》,每当剧中人狄仁杰遇到一些重大问题时,总以这句话问李元芳。笔者是看着李元芳的扮演者张子健长大并成为一位影视表演艺术家的。于是,也就问:"'元芳',你对你的父亲张志宽怎么看?"

　　"元芳"也给出了斩钉截铁的回答:"我父亲为中国的快板书事业劳碌了大半辈子,做出了成绩。退休了,该歇歇了。"

　　"元芳"所言不无道理。父亲张志宽自1960年从艺,至2005年退休,已在曲艺行拼搏了55年,其表演水平之高超已无人可比,并成为中国快板书艺术的领军人物。何况"元芳"的母亲前不久患了一场大病,虽已痊愈,但身边不能无丈夫陪伴。退休了,陪陪老伴儿,也是对妻子缺欠陪伴的补偿。无疑,"元芳"所说理所当然,合情合理。

然而,张志宽也给儿子"元芳"一个更铁的回答:"干咱这行的,没有退休!你是拍影视的,难道到了60岁,你就不再拍了吗?我再告诉你,你爹我就是为快板书而生,为快板书而死!"

铿锵的话语,让在《神探狄仁杰》中对任何问题都有独立见解的"李元芳",此时无言以对了。"元芳"太了解父亲了。父亲对老伴儿也有柔情,关怀备至。老两口子有快快乐乐,有磕磕绊绊,有相互关照,相濡以沫走了近半个世纪。父亲也常说:如果没有老伴儿,就没有他今天的成就。这句实实在在的话,是一件接一件的事情印证出来的。

张志宽说"为快板书而生、而死",绝对不是唱高调。那年去前线慰问,他爬上山,只为一个值勤的战士演唱。须知,是在敌人的射程之内。当时,他对那名战士说:"你为了国家,不怕死,我又怎能怕死呢?"此事在慰问团传开,返回北京后,解放军政治部的主要领导同志接见慰问团,特地点了他的名,讲了这件事。

正是因为有了"为快板书而生"的精神,他在任何地点、任何场合,与任何人接触,三句话离不开本行:快板书。说快板书的来源,说表演,说"声情并茂",说"唱打多变、串成一线"一大套快板书表演、创作的口诀。他把这些话说到了美国、澳大利亚、法国、瑞士等国家,还有我国的香港和台湾。他说快板书,内行听了大有裨益;外行听了,由不明白而变为清晰。也是因他说得有声有色,听得也就如醉如痴。香港大学请他讲课,听者听了一次还不过瘾,接着再请。台湾一位著名书法家听了他的《武松打虎》,撰文在报纸上发表,说他是"'真武松'打'活老虎'。"

他随全国青联慰问团赴西部演出,慰问团有歌唱家、戏剧家、笑星,大腕儿云集。为感谢艺术家的精彩演出,当地政府把唯一的一条哈达敬献给他。也是因为他为了给一户牧民表演,走了十几里路,进了这户牧民的帐篷。

他在任何一个地方演出,经常返场多次。一次在湖南长沙演出,出现了意外,几千观众根本就听不到主持人报他的名字和节目,而是还沉浸在上一位演员的演出中。不足为奇,前一位是正走红且家喻户晓的大牌歌星,观众希望能再听这位明星的一支歌。在这种情况下,他露出了微微的笑,用亲切的目光扫视观众——这是与观众的交流。他的相声师父白全福是一位大家,早在1960年就告诉他一句话:"你上了台就是爷,下了台就是孙子。"这句话是曲艺行的一句艺术谚语,他牢记终生。此时,他在舞台上表现出的就是一位爷:我的舞台我主宰!"台下万马千军,台上只我一人!"这又是一句艺谚,话里的"台下"是指所唱故事中的人物和事件,他一个人要在舞台上"讲述"千军万马的精彩的故事。他并不是眼中无人,而是在亲切的微笑中打响了七块板——演唱快板书的击节乐器。板声响了,优美的打板姿势、清脆的竹板声已让一部分观众静了下来。再开口一唱,全场顿时鸦雀无声。他唱的是《抗洪凯歌》,因为他唱出了洪水的暴虐,人民群众万众一心对洪水的抗击;而当时湖南正闹洪水,也结合现实情况,所以,场子静了,观众"给"耳朵了,笑了,拍巴掌了。他唱完了,观众不"饶"他了,他又唱了四个小段儿。在现场的市领导同志听了后,在接见他时,向他发出邀请,参加"春节联欢晚会"的录制。

只唱一次就能让听者欲罢不能,还要接着听。2014年,中央电视台戏曲频道直播的五一国际劳动节晚会,请他参加演出,其火爆程度让导演始料不及。于是,七一、十一以及今年的元旦、五一、七一,都向他发出邀请,参加演出。"央视戏曲·曲艺晚会"的参加者个个都是响当当的大腕儿,连续被六次晚会邀请,只有他一人。这是一种殊荣。

对于年轻的观众来说,听了他的演唱会感到震撼,丝毫不逊色于屡屡为狄仁杰出主意的李元芳。可是又有几位年轻观众知道他的师父李润杰？包括相声、二人转、唱红全国的"我失骄杨君失流"(曲目名：毛泽东诗词《蝶恋花·赠李淑一》)的苏州弹词、"千里刀光影"(曲目名：《重整河山待后生》)的京韵大鼓,等等,都属曲艺的范畴。曲艺是一条大河,有六百多条分支,叫"曲种"。自曲艺艺术诞生到今天,过去叫"艺人"现在叫"演员"的人数,毫不夸张,数以亿计。但是集表演艺术家、改革家、作家、理论家和教育家于一身的只有二人,一个是相声的第一代艺人"穷不怕"(本名朱绍文),再一个就是李润杰。何等伟大！

张志宽于 1960 年进入天津广播说唱团，至 1990 年师父仙逝,他守在这位伟大的师父身边整整 30 年。他很好地继承了师父的艺术,而更为重要的是继承了师父不断改革创新的精神。没错儿,师父在数来宝的基础上,汲取了相声、评书、西河大鼓等曲种的一些特点,创造了快板书艺术。而他是一位最优秀的继承者,除此,他还在继承中有所创新,如与李润杰同在一个团的王凤山,也是一位快板大家。两位大家打竹板的手法不一样,竹板有七块——两块大板和称为"节子板"的五块小板。李润杰手里的节子板是立着打;王凤山的节子板是平着握在手里,横着打。两位大家的打板手法一辈子没变。张志宽给变了,用王凤山横着打的手法,来表现女人的柔情似水、凄楚悲愤、兴高采烈等心理。经他一改,快板书的演唱就更加"抓人心"了。李润杰总结一段儿好的快板书应该是"有人、有事、有劲、有趣"。他把这"四有"中的"有劲"改成了"有情",虽只改了一个字,却大大地提高了意境,通过打板和演唱板式、声音的"多变",其演唱达到了声情并茂的高境界。这也是他演到哪里就火到哪里的根本原因。

"为快板书而生、而死",还蕴含着他所担负的一项重任,即传承。五六岁的孩子,十几二十几岁的青年,四五十岁的中年,还有年过花甲的老人,凡向他学习者,他毫不保守地教。粗略算算,他教过的学生不少于三千人。拜他为师的有68人,包括加拿大的大山、美国洛杉矶广播电台主持人江南、北京市曲艺团原业务副团长王文长,等等。

最早,他想知道某个弟子唱某个段子怎么样了,就抓起电话询问,并让弟子在电话里唱。哪唱得不对了,他就纠正、示范。一次电话打两三个小时是常有的事。他今年已是个70岁的小老头儿了,可是思想很新潮,玩儿起了微信。他在"张志宽弟子群"里教学,教几十个弟子学会了军旅作家张文甫创作的《孟宗哭笋》,复习了传统段子《武松赶会》。弟子们再把这两个段子教给自己的学生们,受益者无数。

他已从艺五十五个年头儿,不敢有一天懈怠。"元芳"说"您退休了,该歇歇了",可是他根本办不到。他几乎没有歇一天。看看他今年5月下旬到8月6日的时间安排：先后在鞍山、杭州、郑州、岳池开会；在济南、乌海、郑州、西安讲学；在三亚、天津、北京等地演出。"为快板书而生、而死"，言语铮铮，身体力行。所以，中国文联授予他首届"德艺双馨艺术家"荣誉称号；所以，中国曲艺家协会于1997年成立快板书艺术委员会，他以满票当选为会长。他获得的荣誉太多太多，实至名归。

元芳，你对你父亲张志宽怎么看？

写到这儿，"元芳"我无语了。我只是想说：亲爱的爸爸，您肩负使命，您可以为快板书而生，但您千万不能为快板书而死，因为全国观众喜欢您，您众多的徒弟们需要您，我和妈妈也离不开您。为了这些，儿子我求您，保重身体，适当休息。这不仅是我的愿望，也是您所有徒弟们的愿望。您听，他们是怎么说的——

# 六十八、弟子赞歌

　　本书最后,我想借用我爸爸的弟子、济南军区前卫文工团快板书演员齐立强在祝贺我爸爸从艺 50 周年时,所创作并演出的群口快板《祝愿歌》,送上我的祝愿。

《祝愿歌》

　　合　师兄弟,五湖四海齐欢聚,

　　　　携手登台表心意,

　　　　祝贺师父张志宽,

　　　　舞台生涯五十年!

　　甲　快板书,创造者是咱师爷,

　　　　一代宗师李润杰,

　　　　咱师父,15 岁时就下海,

　　　　跟随师爷三十载。

　　乙　(白)下海啊?那叫走上艺术这条路,

再苦再难,义无反顾,

唱快板跟着李润杰,学相声跟着白三爷。

丙　对!白全福。

咱师父艺术有天分,

加上刻苦又勤奋,

新作品唱了上百段,

实践之中受磨炼。

行内行外都敬佩,

很快走红天津卫。

推出了《武林志》《血的教训》《伍豪之剑》《三打白骨精》,轰动了河北、山西、内蒙、天津和北京。

甲　师父把师爷的艺术来继承,

投入了身心与真情!

继承之中求发展。

乙　有发展,

更遵循,艺术规律的"板"和"眼"。

有突破,师父表演独树一帜有特色。

他塑造人物是强项,栩栩如生那叫一个棒!

丙　对,孙悟空,八面威风斗妖精,

东方旭,惩治洋人真英雄。

丁　打虎、打店、赶会的二武松,

师父塑造的一静一动、一颦一笑、一招一式活生生。

甲　手眼身法步，

　　惊恐悲喜怒，

　　师父表演得真叫绝，

　　咱们应该好好学！

合　师父他，不但艺术很高超，

　　他做人，也是咱们的好目标。

　　尊师敬老讲孝道，

　　曲艺界，咱的师父大名鼎鼎有一号！

丙　老一辈的艺术家，

　　都把咱的师父夸！

　　徒弟、学生更甭提(了)，

　　愿意跟他来学习。

　　无论是，事业、艺术、思想、生活，

　　各个方面时时处处关心咱，

　　如同父子心相连！

甲　咱们的师父张志宽，

　　是咱心中，巍然耸立的一座山。

　　引领咱，脚踏实地来登攀，

　　不懈努力到山巅。

乙　咱们的师父张志宽，

　　宽人律己心坦然。

丙　咱师父，心地宽，

心地宽过昆仑山。

丁　咱师父,胸怀宽,

胸怀宽过长白山。

甲　咱师父,眼界宽,

眼界宽过喜马拉雅山。

乙　咱师父,肚量宽,

肚量宽过泰山、华山、恒山、嵩山加衡山。

丙　他为人热情像火山,

激情无限似青山。

丁　肚子宽绰像矿山,

慈悲为怀犹如出家之人下了五台山。

甲　朴实忠厚就像来自沂蒙山,

乙　机智过人就像到过华蓥山,

丙　能征善战就像去过大别山,

丁　思想境界就像上过井冈山!

甲　咱师父,张志宽——

合　宽连着山,山连着宽,

山连着宽,宽连着山,

好人一生得平安!

甲　因为咱有师父张志宽,

干什么,咱心里都有底有靠山。

合　对! 咱有了师父有靠山!

乙　不过咱,也得劝劝师父张志宽,

为了身体,您可一定少抽烟。

合　师父啊,您要记住少抽烟!

合　千万记住别"嗨搬"("嗨搬"是行话,意为少喝酒)!

丁　只要师父得康健!

合　我们为您来许愿!

　　为快板艺术永流传,

　　咱祝愿,师父师娘,身体康健,松柏常青,福寿双全,快快乐乐过百年!

# 后 记

白驹过隙，岁月易流。转瞬间我已年过七旬，为了总结几十年的舞台经验，也是为了回顾我的竹板人生，由我的老领导、著名曲艺理论家孙福海先生亲自执笔完成了《铿锵竹韵抒真情》这部十余万字的书稿。

掩卷而思，我感到，这部书能够让读者在最朴素、最平常的生活中，找到并体会到"为快板书而生"是我艺术生命中的最大快乐。

此外，在福海书记的身上，我体会到一个词，叫"鞭策"。正是在他不断的电话、短信和"伊妹儿"的鞭策下，这部书稿才得以面世。借这个机会，我要深深地向他敬礼！这不仅仅是他的相知与相助，还有他强烈的关怀意识和对曲艺艺术的敬业精神。尤其是他为曲艺、为快板书的繁荣，铁肩担道义的大丈夫气概，让我为之感动！

此书行将付梓，在此，我深深地感谢那些在我艺术成长过程中给予我无微不至关怀的领导、鼎力支持的同道和家人、休戚与共的同事和团队，还要谢谢一路把我推向快板书演唱顶峰的各位恩师。正是他们让我拥有了以演唱快板书的方式传承曲艺艺术的资质、回报社会的资质。最后，我要深情地感谢快板书艺术，没有它就没有我的今天，没有它就没有这部书稿。

书出在即，希望列位看官能够喜欢。

您点赞，我高兴！

张志宽

写于丙申年夏至